ねてもさめてもとくし丸

移動スーパーここにあり

水口美穂

Miho Mizuguchi

日本出版社

はじめに

体を動かすのが好き
おしゃべりするのが好き
生まれ育った田舎が好き
そして、人が好き

そんな私が「とくし丸」と出会ったことは
ラッキーだったし、今思えば必然だった気がします。

保育士・リゾートマンションのフロント・コンビニの店員・デイサービス……。
いろんな仕事をしてきましたが、それらすべてが
とくし丸に出会うためのプロセスだった気がします。

普通の主婦がとくし丸を始めて、
さまざまな経験をし、感じたこと、学んだことを
ありのままに綴《つづ》ってみました。

とくし丸をご存じでも、ご存じなくても……。
とくし丸のお客様でも、お客様でなくとも、
この本を読んで、
とくし丸に触れ、感じていただけたらなと思います。

もくじ

はじめに　02

第1章　とくし丸、準備中　11

運命の出会い　12
緊張！　スーパーとの顔合わせ　16
とくし丸って何？　19
過酷な開拓・4000軒にご挨拶　23
ご挨拶なのに、いただきもの　26
大先輩には参りました！　28
雪山で遭難!?　29
楽しい研修・3号車　32

楽しい研修・2号車……34
開業準備に大わらわ……36
開業直前のエネルギーチャージ……39

第2章 いざ、発進！……43

4月1日、出発式……44
週2回がちょうどいい？……48
シュークリーム事件……49
お客様に守られて……51
超ハードな積み込み&棚おろし……53
フクヤ男山店さん……56
仲間が寄ってく〜る……59
［移動スーパーとくし丸のうた］……61
チョイス……62

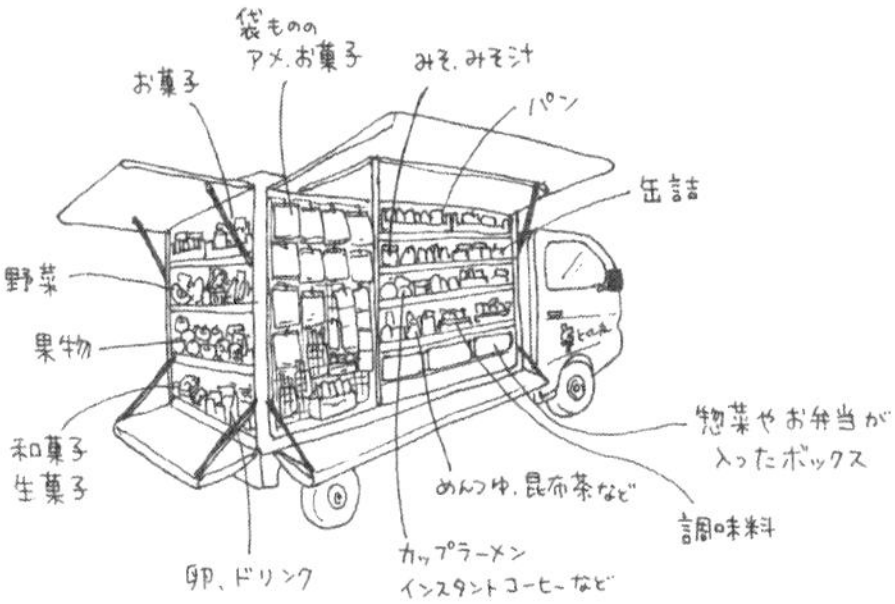

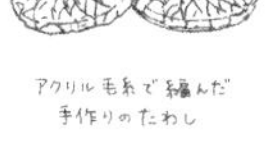
アクリル毛糸で編んだ
手作りのたわし

ものすごい運動量です——66
トイレに困る——67
売ったものがアッという間に——68
正直——69
家族の力——71
こりゃ便利！——74
大切な思い出の日——76
大笑い——79

第3章 商売って面白い……83

第2回とくし丸親睦会——84
こぢんまりのメリット——86
祝・新規出店——88
別注は信頼の証——91

猛暑対策 93
私の1日 97
お盆休みの過ごしかた 104
とくしまるだいすき 107
井戸端会議 110
半分こ 112
とくし丸ってフクヤ? 114
商売のバランス 115
そくび 119
味があるねぇ 121
とくし丸あるある 124

第4章 どんどん拡がれ、とくし丸!

第4章 どんどん拡がれ、とくし丸! 127
私が先生? 128

50台突破！ 130
見守り活動 132
応援団 135
視察 137
資源マップ 139
お隣さん 141
義父 143
父 147
初めての確定申告 152
おかげさまで1周年 154
地域の宝物 156
失敗だらけの1年 160
第3回とくし丸親睦会 162
仲間が増える喜び 165
遠いところから 167

第1回日本サービス大賞受賞！ 172

第5章　泣いて笑って、日々感謝 175

名前 176
素晴らしき90代！ 179
想いの詰まった… 181
オリジナル・マイバッグ 182
あのもん 187
待つ 189
関わり 191
経験を活かせるように 193
じゃんけん　ぽん！ 197
耳より情報 201
携帯ストン事件 204

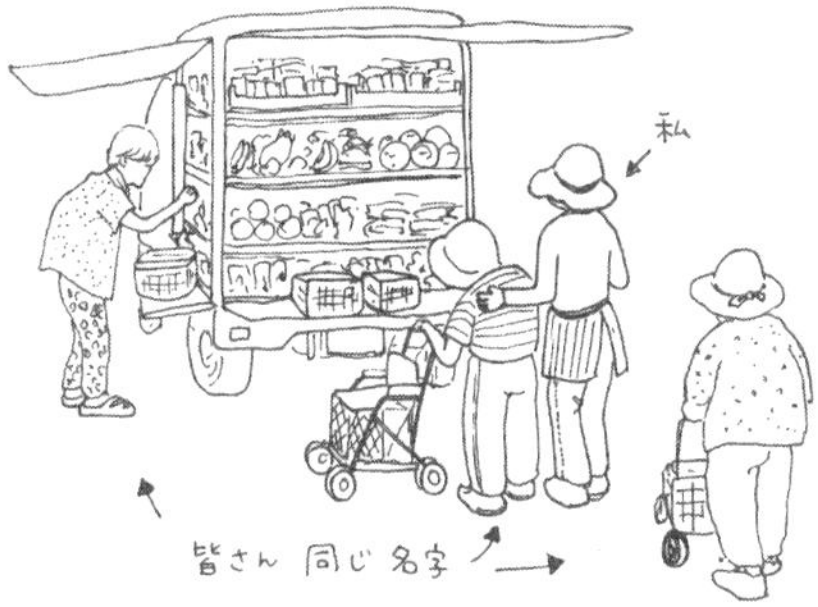

伝書鳩……208
雪の日に温かい……211
まるで選挙カー？……213
とくし丸効果……214
初・ラジオ出演とミニコミ紙……216
とくし丸冥利……220
財産……223
販売ルートマップ……225
つづきに（あとがき、にかえて）住友達也……228

第1章

とくし丸、準備中

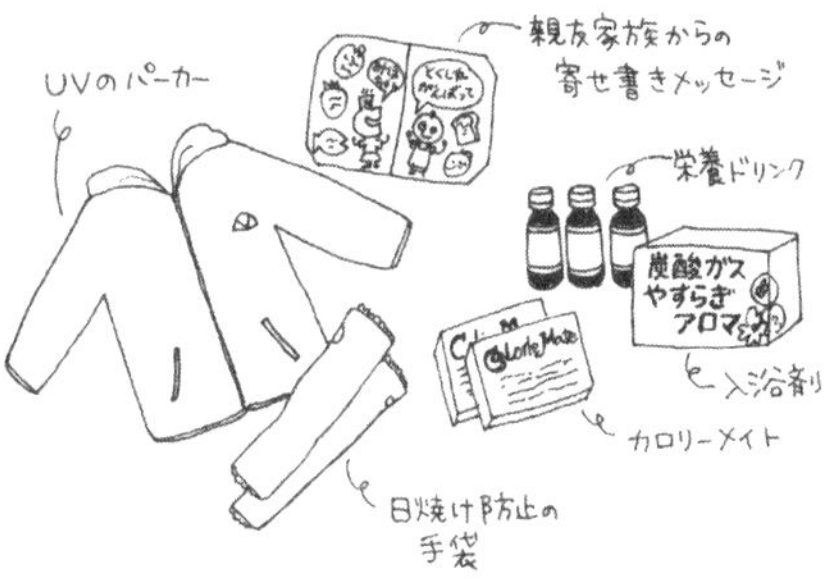

UVのパーカー
親友家族からの
寄せ書きメッセージ
栄養ドリンク
炭酸ガス
やすらぎ
アロマ
入浴剤
カロリーメイト
日焼け防止の
手袋

運命の出会い

2014年の夏でした。私が住む京都府丹後地方にあるスーパー「フクヤ」に設計で関わった友人から、LINE（ライン）でメッセージが届きました。

「このあいだ、フクヤさんの会合に出席したんや。そのとき、『とくし丸』っていう移動スーパーの話が出たんやけど、その話を聞いていて美穂ちゃんの顔がパッと浮かんだんや。美穂ちゃん、向いてそうやで、やってみる気ない？」

このラインにはあまりくわしいことは書いていなかったのに、なぜか私は軽率にも、すぐに「やりたい！」と思いました。そして、そう返事をしました。

その頃は工務店で事務職のパートをしていて、ちょうど転職を考えていたところだったのです。お世話になっていた工務店ではとても大切にしていただき、居心地がよかったのですが、私は事務の仕事にやりがいを感じることができずにいました。たぶん、以前働いていたデイサービスでの楽しさや達成感が忘れられなかったのだと思います。

2人の子供は成長して手が掛からなくなってきました。来年には下の娘が中学入学、兄も中2になります。これからますますお金も必要になる！　パートではなく真剣に仕事を見つけないと！　と、少し焦《あせ》ってもいました。

「くわしいことはホームページで調べてみてね！」

と友人に言われ、早速調べてみました。

　とくし丸は個人事業で、小型トラックにスーパーから預かった商品を積んで地域をまわり、販売する「移動スーパー」です。ホームページで基本的なことはわかったものの、まずいちばん気になるのは開業するにあたって実際にかかる費用でした。そこで、改めて友人に初期費用について聞いてみました。

「僕もあれから確認してみたんやけど、最初に自分で車を購入せなあかんのやって。それが350万くらいかかるらしいわ。ちょっと大変やな。でも、すでに宮津市《みやづ》（京都府）で始めてる方がおられるみたいで、結構稼《かせ》いどんなるらしいで。美穂ちゃんやったらもっと稼げるんちゃうかなあ？（笑）　まあ、家族で相談して、話だけでも聞いてみようと思うんやったら、間に入るで、いつでも言うて」

　350万⁉　あ〜、高すぎる、無理だ、と思いました。そこで、旦那さんに相談することもなく、自分のなかであきらめようとしていました。

しばらくして、父に事後報告的に話をしました。

「あんな、お父さん。『とくし丸』っていう移動スーパーがあるんやって。それを、やってみぃひんかって、友達から紹介されたんや。もうすでに、宮津でやっとんなる人がおんなるらしいんやけど、結構な売り上げをあげとんなるみたいで……。ほんで、やってみたい！　って思ったんやけど。開業するんに、メッチャお金がかかるんやって。で、あきらめたんやけどな」

父にしていたその話を横で聞いていた旦那さんが、

「やったらええやん」

と軽く返してきました。

「えっ⁉　350万かかるんやで？」

「だって、返せるんやろ？　やったらええやん。君に向いとるんちゃう？　それに、今の仕事は全然君に向いてへんわ」

それを聞いた父も、

「美穂に向いとるなぁ。旦那がええ言うんやで、やってみたらええんちゃうか。お父さんも出来ることがあったら応援するし」

と言ってくれました。

家族の心強い後押しを受け、あきらめたはずの思いがむくむくとわき上がってくるのを感じました。

数日後、弟の友達でずいぶん年下の子と話していた際に、

「やりたいんやけど、資金面やいろんなことで少し気持ちが足踏みしている」

と言うと、

「もし、美穂さんがやらなくて、誰かがすることになって、町をとくし丸が走っているのを見るたびに『やったらよかった……』って後悔せーへん？」

と聞かれました。

「する！　絶対するわ！」

性格的に、やらない後悔より、やった後悔の方がいい。これまでもずっと、石橋を叩《たた》かないまま落ちそうになる橋を走り抜けてきました。でも、今回はあまりに大きな人生の転機に、珍しく後先のことを考えて悩んでいたのです。

弟の友人の言葉が、何度も繰り返し頭の中を占拠《せんきょ》しました。

やらない後悔はしたくない！　心が決まりました。ここから私のとくし丸への想い

は、一直線に走り出しました。

緊張！ スーパーとの顔合わせ

とくし丸の仕組みを簡単に言うと、「株式会社とくし丸」がスーパーマーケット各社と契約し、「販売パートナー」がそのスーパーと契約して実際にお客様に販売を行うという、「株式会社とくし丸」「スーパーマーケット各社」「販売パートナー」「お客様」の4者の協力で成り立っています。私はこの販売パートナーになろうと思ったわけです。

「とくし丸をやりたい！」と、気持ちだけは固まりましたが、まずはスーパーさんと契約を交わさなければなりません。正直なところ不安でいっぱいでした。そもそも、私のような者にできるのか？ 任せていただけるものなのか？ 家庭の事情なども理解していただけるのか？

家族会議も何度か開きました。子供が生まれてから、ずっとパートで働いてきました。子供が学校から帰る時間までに帰宅でき、土日祝がお休みの仕事ばかりでした。

それが、子供たちが起きる前に家を出て、学校から帰ってずいぶん経ってからの遅い帰宅になります。大変な生活になることは容易に想像できました。そして、家族に大きな負担がかかることも。

幼い頃から自分のことは自分でできるように教えてきましたし、お手伝いもたくさんしてくれる子供たちでしたが、それでもやはり、今まで以上に協力が必要になります。そのことを正直に話し、率直な気持ちを聞きました。

子供たちは、これから来るであろう生活の激変をなかなか思い描くことができないようで、ただただ不安を感じていました。そこで旦那さんが、

「母ちゃんに向いとる仕事や思うで。大変かもしれんけど、みんなで頑張ろう」

と言葉を掛けてくれて、なんとか子供たちもうなづいてくれました。

スーパーとの面談に臨《のぞ》むにあたって、とにかく、気になることは全部メモしていきました。とくし丸を紹介してくれた友人が気遣《きづか》って「付いていこうか？」と言ってくれましたが、一人で行くことにしました。

ドキドキしながら、フクヤさんの本社へ行くと、出迎えてくれたのは個性的な眼鏡《めがね》をかけた体重１００キロの大きな男性でした。フクヤさんのとくし丸担当（とくし事

業部）のマネージャー・河田《かわだ》さん。とても愛想がよく、感じがよく、私の緊張は一気に解けました。ホームページで事前にお顔は拝見していたのですが、実際に会ったときの印象のほうが数倍よかったのを覚えています。

いろいろ、不安に思っていることを素直にぶつけました。費用のこと、仕事内容のこと、家庭のこと……。ひとつ、ひとつの問題に真剣に耳を傾けて、受け止めたうえで、全面的にサポートすると約束してくださいました。

後で聞いたところによると、異例の長時間面談だったようです。それだけ話が弾んだのです。河田さんは、「ぜひ水口さんにとくし丸をやってほしい」と、力を込めて言ってくださいました。この人なら信頼して大丈夫、しっかりサポートしてくれる！そう、思わせてくれる人でした。

それから、何度かお会いし、契約を結びました。今思えば、あのとき不安なことがクリア出来なくても、やる！と決めたこの気持ちは止まらなかったのかもしれません。でも、最初にお話できたのが河田さんでよかった。本当にそう思います。

さあ、ここからが怒涛《どとう》の日々の始まりです。

とくし丸って何？

とくし丸は徳島県で生まれました。徳島県に住む住友達也《すみともたつや》さんが、買い物に困っているお母さんのために考え、「株式会社とくし丸」を創業されました。とくし丸の名前は、「徳島」だけでなく、「篤志《とくし》」にもかけてあります。

「篤志」とは、社会奉仕・慈善事業に熱心に取り組む、という意味です。とくし丸は移動販売車ですが、それだけではなく、地域のお年寄りの見守り活動もしています。週に何度か、お顔を見ることで、ひとり暮らしのおばあちゃん、おじいちゃんの健康状態をつぶさに見ることができます。

ビジネスの仕組みは次ページの図のような4者の協力から成り立っていて、私は個人事業の販売パートナーとして、フクヤさんというスーパーと契約をしています。

株式会社とくし丸は、契約したスーパーからロイヤリティが入ります。

スーパーは、とくし丸のトラックが販売に行くことによって、今まで移動する手段がなかったり、外出できない事情があったりして、店まで買い物に来ることができなかったお客様にも商品を売ることができます。

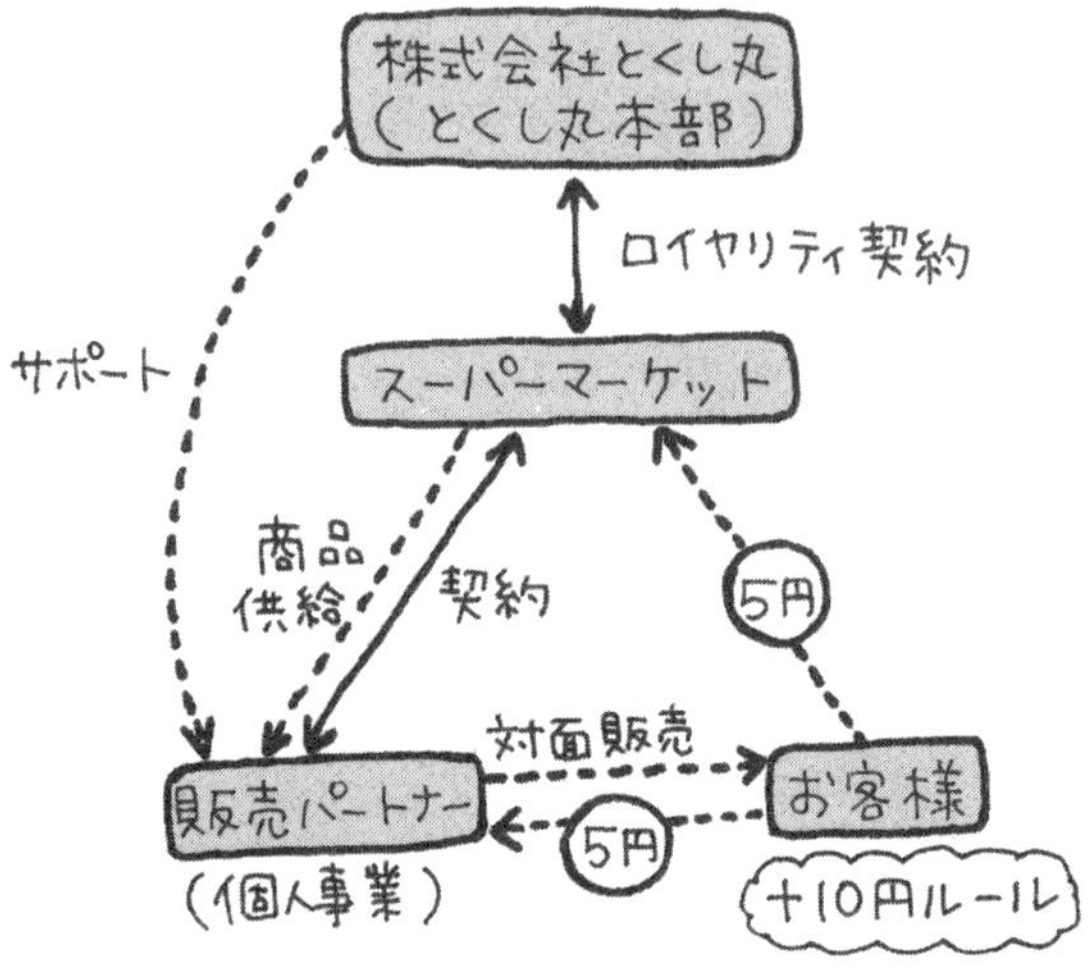
株式会社とくし丸
（とくし丸本部）
ロイヤリティ契約
サポート
スーパーマーケット
商品
供給
契約
5円
対面販売
販売パートナー
（個人事業）
お客様
5円
＋10円ルール

販売パートナーは、毎日スーパーから食品や物品を小型トラックに積み込みますが、積み込む商品は買い取りなどではなく、「スーパーから預かる」かたちなので、仕入れのリスクは一切ありません。売れ残った場合は、スーパーに商品を返却できるのです。

これは販売パートナーにとって大きな強みで、もしも仕入れで買い取りや一部負担などの費用がかかる仕組みだった場合、個人事業を営む者としては売れ残りを避けたいですから、すぐに商品価値の下がる生鮮食品などはあまり積めなくなってしまいます。返品できるからこそ、毎日新鮮なものをたくさん積み込めるのです。私自身、もし、商品を買い取りで仕入れなければならなかったら、とくし丸を始めていなかったと思います。

販売パートナーの収入は歩合制です。まず、その日の売り上げはすべてスーパーに報告し、入金します。月の終わりに締めて、売り上げの17%が販売パートナーの収入になり、さらに「＋10円ルール」の収入が加算されます。

「＋10円ルール」はとくし丸の特徴的なシステムで、トラックに積んだ商品はそれぞれ「スーパーが決定した価格＋10円」で販売させていただいています。つまり、ひとつの商品に付き10円をお客様にご負担いただいています。

1個100円の物は110円に、10000円の物は10010円に……100円の物を110円で買うと思うと、高いように感じますが、一度に購入される商品の数に10円を掛けて考えてみると、バスやタクシーでお買い物に行かれるよりは高くないと思います。

その10円の半分の5円がスーパーに、残りの5円が販売パートナーに入るようになっています。じつは最初、「たった5円だし、それほどの収入にはならないだろう」と甘くみていたのですが、ひと月終わってみて5円を見直すことになりました。ちょうど、ガソリン代くらいになるのです！　お客様にも、ガソリン代と思っていただけるととてもありがたいです。

このように4者がそれぞれに協力しあい、株式会社とくし丸、提携先のスーパーマーケット各社、販売パートナー、そしてお客様が、みんな得をするように出来ています。本当によく出来た仕組みだと思います。

過酷な開拓・4000軒にご挨拶

フクヤさんとの契約も終わって、2015年の1月末で事務の仕事を辞めた私は、いよいよ自分の担当地域のお客様たちにご挨拶まわりを始めることになりました。この訪問で、販売先の開拓をしていきます。

まず、拠点となるフクヤ男山店から行ける範囲で、大体ここら辺をまわろうというエリアを絞ります。

エリアは、言ってみれば「早いもん勝ち」で、後から販売パートナーさんが増えたとしても、すでに他の販売パートナーがまわっているエリアには行くことができない「担当制」です。男山店から出るとくし丸は私が初めてだったので、どこのエリアをまわったらよいのか、逆に絞《しぼ》るのに苦労しました。

マネージャーさんと相談して、2月と3月の2カ月間で伊根《いね》町と宮津市北部のほぼ全域、それから岩滝《いわたき》町の男山周辺をまわることに決めました。約4000軒を1軒ずつ歩いてまわり、とくし丸の説明をし、ご自宅に販売に伺《うかが》っていいかどうかをたずねます。

住宅地図を拡大して細かく切ったものを束にして渡されたときには、さすがに気持ちが少し後ろ向きになりました。これを全部、2人で……!?　私1人ではなく、フクヤさんのとくし事業部のマネージャー・河田さんも一緒とはいえ、その数は膨大《ぼうだい》なもののように思いました。

本当に全部ご挨拶にまわりきれるんだろうか？　不安しかありませんでした。でも、不安がっていても先には進めません。河田さんに気持ちを引っ張られながら、押されながら、開拓は始まりました。

フクヤさんが用意してくれたとくし丸のチラシと、地図と、ペンを持って、

「こんにちは！　フクヤです（最初は警戒されるので、知名度のあるスーパーの名前を出したほうがよいとのことで）。今度、移動スーパーを始めることになりまして、ご挨拶にまわらせていただいております。今、お買い物でお困りのことはありませんか？　もし、よろしかったら、4月からになりますが、お伺いさせていただきましょうか？」

そんな感じで、聞いてまわります。

今でこそ、メディアで取り上げられて知名度もそこそこ上がっていますが、そのと

きは「とくし丸って？」と、怪訝《けげん》に思われる方がほとんどでした。世の中は、オレオレ詐欺《さぎ》だの悪徳商法だの、疑わしいものでいっぱい。皆さんの警戒心もピリピリです。都会のほうではインターフォン越しに対応される方が多いようですが、幸い、私が販売してまわる地域は、ほとんどの方が玄関まで出てきて、断る場合でもお顔を見せてくださいます。

ご挨拶に行くと「販売に来てもいいよ」と言っていただけることが多いのですが、皆さん、気を遣って「来てもいいよ」と言われているのか、本当に「来て欲しい」と思ってくださっているのかの判断が難しいから気をつけて、とマネージャーさんから言われました。

地図に1軒1軒、ご挨拶に伺った反応を◎・○・△・×で印をつけていき、◎と○が付いたお宅を最終的に線で結んでルートを決めるのですが、その判断を甘くすると、いざ販売にお伺いしたときに「いらない」と言われる例が、先に始められていた徳島で多々あったのだそうです。なるべく慎重に印をつけるように助言を受けました。

そう聞かされていながら、最初に私がまわった地域ではあまりにも◎が多くて、とくし事業部の方に不審がられました（笑）。でも、後で一緒にまわって確認してもらうと、判断に間違いはなかったようです。

とくし丸を必要としていらっしゃる方が多い地域に出会えたのだと思います。

ご挨拶なのに、いただきもの

一日のうちに、こんなに多くの方と出会うことは人生で後にも先にもないんじゃないかと思います。たくさんの素敵な出会いがありました。最初はピンポンを押して、どんな方が出てこられるのだろう、どんな対応をされるだろう……と、不安でいっぱいでした（その不安は最後までありましたが）。

でも、そのなかで、

「待ってたで～」

「ありがたい！」

「4月まで待たんなんのかぁ～」

などと、うれしいお言葉をたくさんかけていただきました。寒い日、心がくじけそうなとき、どれほどの励《はげ》みになったことか……。

伊根《いね》〜養老《ようろう》〜日置《ひおき》〜世屋《せや》が終わって、ようやく府中《ふちゅう》エリアに入ったあたりで、訪問させていただいたおうちのお母さんから素敵なものをいただきました。

趣味で作った、アクリル毛糸のたわしだそうです。一編み一編み、心を込めて作られた大切なものを、もったいなくて使えないと遠慮しましたが、

「使わな意味ないじゃないの！」

と、優しい笑顔と一緒にプレゼントしてくださいました。

アクリル毛糸で編んだ
手作りのたわし

ご挨拶に伺ったのにいただきものなんて、本当に申し訳なくて、もったいなくて使えそうもありませんが、とてもうれしかったです。

早く4月になって開業して、そんな素敵な出会いのお返しをしたい！　と、うずうずしました。

大先輩には参りました！

ご挨拶まわりの最中で、人生の大先輩方と出会って、いろいろお話をさせていただきました。

83歳のお父さんはご自身で畑を作り、野菜中心の食事を心がけ、お料理も作っていらっしゃるとのこと。どおりで肌の色艶《いろつや》もよく、ニコニコと笑顔でお話しされていて、とても元気をいただきました。

そのお父さんが、

「僕は毎朝、テレビのラジオ体操をしとるんだ。あれは、ものすごい体にええなあ」

とおっしゃるので、

「はい！　私も毎朝してますよ！」

と調子に乗って、ひと体操して見せたりして（笑）。

「なんでも続けることが大事やな！」

と言われたので、

「はい！　3日坊主の私が、これだけは2年半続けてます！」

と張り切って言うと……、

「ハッハッ。僕は20年続けとる（笑）」

ひゃあー、申し訳ございません！　たった2年ほど続けただけで自慢気にラジオ体操を語ったりして……。やっぱり、大先輩には完敗です！

雪山で遭難《そうなん》!?

訪問先でお母さんの苦労話に聞き入って涙を流したり、意気投合して話が盛り上がったりしているうちに、1軒1軒に時間をとりすぎて、何度もマネージャーさんに注意されました。ついつい話し込んでしまうんですよね。

ご挨拶まわりのあいだ、マネージャーさんにはたくさん教えてもらい、たくさん怒られ、たくさん喧嘩《けんか》もしました。なにしろ寝ている時間をのぞけば、家族といるよりも長い時間ずっと一緒だったのです。お互い、家族みたいに気が置けなくなって、言いたいことが言い合える仲になれたように思います。2人で落ち込んで、海を見ながらちくわをかじったり、うれしくって手を取り合って喜んだり……。同志だと感じています。

そんななかで最も、忘れられない出来事があります。

ちょうど真冬で、雪のたくさん降る時期でした。運転していたマネージャーさんが、雪が積もって見えなくなっていた側溝にハマッてしまったのです。必死で車を出そうとしますが、雪が多すぎてタイヤが滑《すべ》ってまったくダメ。そこは、滅多《めった》に車の通らない場所です。誰も来ない雪山で車に閉じ込められたまま、どうすることもできないまま2時間を過ごしました。冷え込みもすごいし、すぐにトイレに行きたくなってきました。男の人ならなんとかなったのでしょうが、一応私も女、そのあたりで済ますというわけには……。

もうダメかと思ったとき、通りかかった除雪車のおじさんにロープをつないで引っ張ってもらって、見事に脱出することができました。今となっては、よい思い出です。

雪山と言えば、お猿さんにもよく出会いました。冬で山にエサがないせいだと思うのですが、多いときには、十数匹が群れをなして目の前に現れました。ここはサファリパーク⁉　と見まがうほどで、最初のうちはふいの出現を楽しんでいたのですが、あまりにもよく遭遇《そうぐう》するものだから、だんだん不安になってきました。

とくし丸で販売にまわりだしたら、トラックには山ほど食べ物がある！　お猿さんの大好きなバナナやリンゴがむき出しで！　集団で襲われたら、ミもフタもない！

そこで、フクヤさんの専務が急いで銃を購入してくださいました。銃といってもおもちゃの銃ですが、丸い小さな弾が出ます。威嚇《いかく》の意味で用意してくださいましたが、幸い、今のところ未使用で済んでいます。

どうも、とくし丸が大音量で音楽を流しながら移動するので、その音を怖がって警戒して寄ってこないようです。お猿さんは賢《かしこ》いので、油断はできませんが……。

そんなこんなでなんとか2カ月間の開拓を終え、無事に3つのルートが出来上がりました。

楽しい研修・3号車

開拓と並行して、研修も行いました。火曜日は、フクヤ宮村店が拠点の3号車の男性・沖《おき》さん。金曜日は、西舞鶴《にしまいづる》店が拠点の2号車の女性Mさんの元で教えていただきました。

通常は1人の方について研修するようですが、どちらも違った個性があるから、どちらの販売も見て勉強してほしいというマネージャーさんの意向でした。

確かに、お2人ともまったく違う積み込み、販売の仕方でした。

3号車の沖さんはとても物腰の柔らかい方で、販売も「売る」というよりも「見守る」スタイルです。

じつは、私がとくし丸を始めるかどうか決める前に、3号車に体験乗車をさせていただいたのです。沖さんの最初の印象がとてもよくて、お客様への対応も気持ちがよく、「やってみたい！」と、改めて強く思いました。

実際に研修として同乗させていただいても、あのときに感じた思いは変わらず、とても素敵な方でした。

沖さんがとくし丸をやろうと思ったきっかけは、お母様だったそうです。何かでとくし丸の存在を知った沖さんは、高齢でお買い物に行きづらいお母様のために「うちのほうへもとくし丸に来てもらいたい」と、フクヤさんの本社に連絡をしました。すると、まだ宮津のほうにはとくし丸は走っていないと言われ、「だったら自分がやる！」と決めたのだそうです。すぐにフクヤ本社を訪ね、契約し、役職についていた仕事を辞めて、とくし丸を始められました。

穏やかで物静かな沖さんしか知らないので、そのエピソードを聞いたときはイメージとのギャップにビックリしました。フクヤさんも、沖さんの行動力には驚かれていました。

私が研修に入らせてもらっていた火曜日はちょうど、沖さんのご自宅でお母様がお買い物をされる日です。お母様にもとてもかわいがっていただいて、私が開業する日には日焼け防止の手袋をプレゼントしてくださいました。

沖さんも、

「僕も使ってるんだけど、もしかしたら美穂ちゃんも必要ちゃうかな？」

と、車で使う携帯の充電器をくださって、さらに開業のお祝いまでしていただきました。

沖さんのおっしゃったなかで、

「僕は最後まで、売り上げ金額を見ないんや。途中で見て、売り上げがもう少しで目標金額に届く！　と思ったら、ついお客さんに売り込んでしまいそうだから」

という言葉がとても印象深く残っています。

その「売り込まない」スタイルに共感し、私も同じようにしています。

楽しい研修・2号車

2号車のMさんはコンビニで働いていたときに、とくし丸のマネージャーさんから口説《くど》き落とされて転職し、とくし丸を始めたという、まさに販売の神のような方です。天性の感で、お客様の嗜好《しこう》を察知し、インプットし、お客様のニーズに確実に応《こた》える能力を持った方です。しかも、話術が巧《たく》み！　老若男女問わず、彼女の話術にハマるのは必至です。研修中のトラックのなかも、ガールズトーク（？）で盛り上がり、「レディースとくし丸」を結成することになったほどです。

Mさんは、3号車の沖さんとは対照的に、プロデュースをしていかれる方です。自分でまず試し、良いものをお客様に上手に薦《すす》めます。これは、自分や商品に自信がないとまず出来ないことで、努力の賜物《たまもの》だと思います。

「売り込む」のではなく、「提供する」。これを自然に出来るMさんの販売は、とてもとても刺激的で勉強になりました。

ちょうど私の研修中に、とくし丸2号車がKBS京都のテレビ取材を受けました。私も急遽《きゅうきょ》、撮影に立ち合わせていただくことに。

ピンマイクをつけて、積み込み作業の撮影やインタビューを受けるMさん。何度か取材を受けていらっしゃるだけあって、堂々と落ち着いておられました。私は、ちょろちょろと邪魔しているようなものでしたが……(笑)。でも、貴重な体験をさせていただきました。

このときの模様は、夕方のニュース番組『newsフェイス』で放送されました！

Mさんは、私がとくし丸を始めることに迷っているとき、

「私も、マネージャーさんから話をもらってから、ずいぶん迷った。でも、今はほんまにしてよかったと思ってる。もし、やろうと思う気持ちがあるなら、早いほうがいいで！　絶対に。もし、やるんなら、一緒に頑張ろう！」

そう、後押ししてくださいました。その言葉は強く心に残り、一歩前に踏み出す勇気をもらいました。

私は、本当に出会いに恵まれているな。そう、思います。

この研修で、おふたりがお客様と楽しくされているのを見て、うらやましく、ますます楽しみになりました。短い研修期間でしたが、お客様方には私のこともすっかり覚えていただき、かわいがっていただきました。でも、どんなに親しくなっても、私のお客様ではないんだ……。早く私のお客様に会いたい！　私も私のお客様と、いっぱい楽しみたい！　と、より強く思うようになりました。

開業準備に大わらわ

開拓と研修が終われば、いよいよ開業に向けての動きが本格的になります。じつは開拓や研修中にも、やるべき準備がたくさんありました。

まず、最初の関門はお金でした。とくし丸専用トラックの購入に320万円くらい。

備品代その他もろもろで5万円くらい。それに、開拓・研修の2カ月間はまったくの無収入になるので、その期間の生活資金を含めて、350万円を借り入れしました。

融資は、日本政策金融公庫にお願いしました。日本政策金融公庫は100パーセント政府が出資している政策金融機関で、起業時の融資に積極的だと聞いたからです。信用力がない起業時にはありがたい公的融資です。とは言っても、融資のための審査はあるので、書類などを一式揃え、面談をして、審査が通って、やっと借り入れの手続きです。

休む間もなくその他の手続きが待っています。開業届を税務署に提出し、食肉と魚介類、乳類を販売するために必要な営業許可を申請しに書類を揃えて保健所へ（自治体によって多少違いがあるようです）。私は調理師の免許を持っているので免除でしたが、本来は食品衛生責任者の資格を取るための講習も受ける必要があります。

その間、マネージャーさんがつきっきりでサポートしてくださったから頑張れましたが、ノウハウのない私がこれをすべてひとりでやろうとしたら、きっと途中で挫折《ざせつ》していたと思います。それほど、ひとつひとつが大変で、神経をすり減らす毎日でした。

そんななか、私が乗ることになる「とくし丸5号車」が徳島県からやってきました！　「とくし丸5号車」は屋号で、フクヤさんと契約した販売パートナーとして5台目ということで、全国で5台目という意味ではありません。ちなみに、全国では38台目だそうです。

ピカピカに光った車両は、可愛《かわい》くて愛《いと》おしくて仕方ありませんでした。トラックを「とくし丸仕様」にしていただいた徳島県のマーキュリーという会社の社長さん自ら、運んで納車してくださいました。この社長さんもとても素敵な方で、仕事に対する誠実さ、車にかける情熱、男気のある四国男児です。ここでもまた、素敵なご縁に恵まれました。

そして、ちょうどこの期間に、フクヤさんが宮津市・与謝野町・伊根町と「見守り協定」を結ばれました。

見守り協定は、「とくし丸が週に2回お客様を訪ねることで、地域の包括支援センターや駐在所さんと連携を取り合い、見守り活動を行う」という内容のものです。

お買い物支援だけではなく、健康面・防犯面などにおいても自治体と共に見守る活動をすることは、デイサービスで働いていた頃の自分を思い出し、より一層やりがいにつながっています。

開業直前のエネルギーチャージ

愛車「とくし丸5号車」を手に入れて、ワクワクとドキドキのなか、最終的な細かい準備に入りました。必要な備品の購入、そして、生鮮食品以外の食品の積み込みです。

4月1日の開業まであと2日。600点ほどの積み込みが完了しました。この作業もマネージャーさんが一緒にしてくださいます。

前日と当日の朝で、もっともっとたくさん積み込まないといけません。頑張らないと！

開業すると、なかなか余裕がなくなるだろうし、娘が小学校を卒業したお祝いもしたかったので、帰宅してから家族みんなで与謝野町の「ダンデライオン」さんへディナーに行きました。どの料理もすごいボリュームで大・大・大満足でした！

開業前日の夜には、親友が激励に来てくれました。親友家族みんなからの寄せ書き

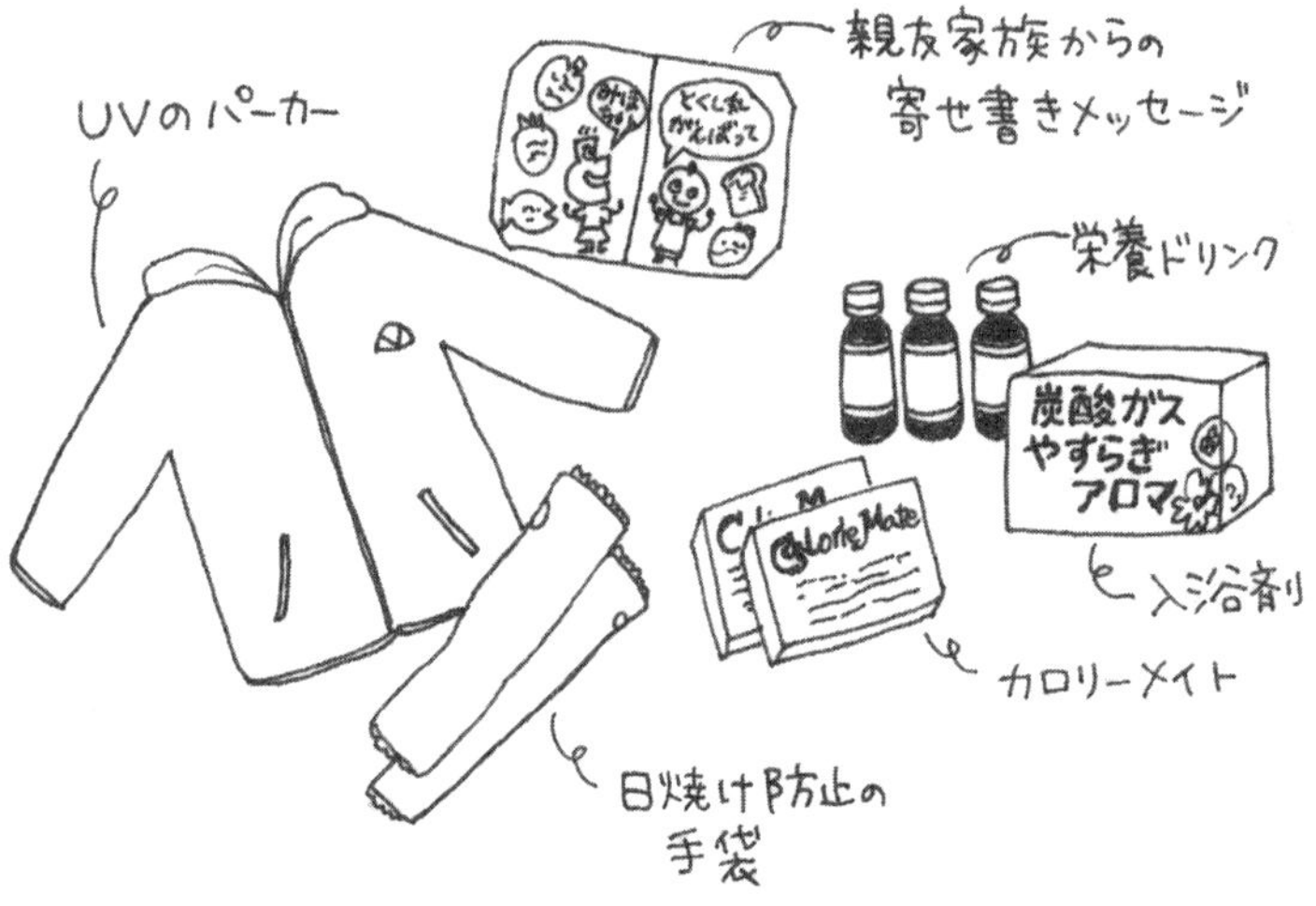
UVのパーカー
親友家族からの
寄せ書きメッセージ
栄養ドリンク
炭酸ガス
やすらぎ
アロマ
入浴剤
CalorieMate
カロリーメイト
日焼け防止の
手袋

と、心のこもったプレゼントを持って。疲れた心と体に沁《し》み渡り、涙があふれてきました。

プレゼントは「日焼けせんように……」と、UVのパーカーと日焼け防止の手袋です。ほんまにうれしかった。そして、改めて頑張ろうって気持ちがわいてきました！

さらにもう1人、前職の同僚から贈り物が届きました。入浴剤と栄養ドリンク、カロリーメイトの「癒《いや》し3点セット」。本当に気が利く子です！

みんなのおかげでエネルギー満タン！　ありがとう！

移動スーパーとくし丸5号車　出発します！
フクヤの男山店より、たくさんの品物を積んで、
1軒1軒お客様の玄関先までお伺いし、
見て選んでお買い物していただきます。
たくさんの方にお会いして、喜んでいただけるよう
頑張ります！

第2章

いざ、発進！

4月1日、出発式

いよいよ2015年の4月1日、あいにくの雨でしたが、出発式を迎えることが出来ました。フクヤ男山店さんが店の前で開催してくださった出発式は、想像していた以上に盛大なもので、改めて身の引き締まる思いでした。なんとテープカットまで行われました！

当日は朝6時から積み込みを開始し、なんとか出発に間に合いました。フクヤ関係者の皆さん、そしてとくし丸の住友社長も徳島から駆け付け、お手伝い&激励してくださいました。

こんなに必死に、無我夢中になることは近年なかったなあと思います。

いっぱい、いっぱい積み込んで、10時前に男山店を出発！

初日は伊根町の朝妻《あさづま》・本庄《ほんじょう》地区コース。雨にもかかわらず、たくさんのお客様が来てくださいました。

伊根は2月の初めからご挨拶にまわったので、長いお客様だとご挨拶してから2カ月近く経ちます。忘れていらっしゃるかも……という心配をよそに、この日を首を長くして待っていたよ！　と言っていただき、本当にうれしく、ありがたいと思いました。

皆さん、初めて見るとくし丸に、

「わあ！　ほんまになんでもあるなあ」

「よ～け積んであるな～」

と、興味津々のご様子。

でも、私は自分自身がいっぱいいっぱいで、じつはお客様たちのお顔をゆっくり見る余裕もありませんでした（笑）。それでも、なんとか無事にコースをまわり終え、ホッとしました。本当は身も心も緊張で疲れ果てているはずなのですが、不思議とぐたーっとした感じはなく、早くまた明日お客様にお会いしたいな、と楽しみでいっぱいです。

とにかく、事故には気をつけて、安全運転でとくし丸5号車！　元気いっぱいGO！　GO！です!!

フクヤ男山店前にて。

とくし丸5号車、積み込み完了の図

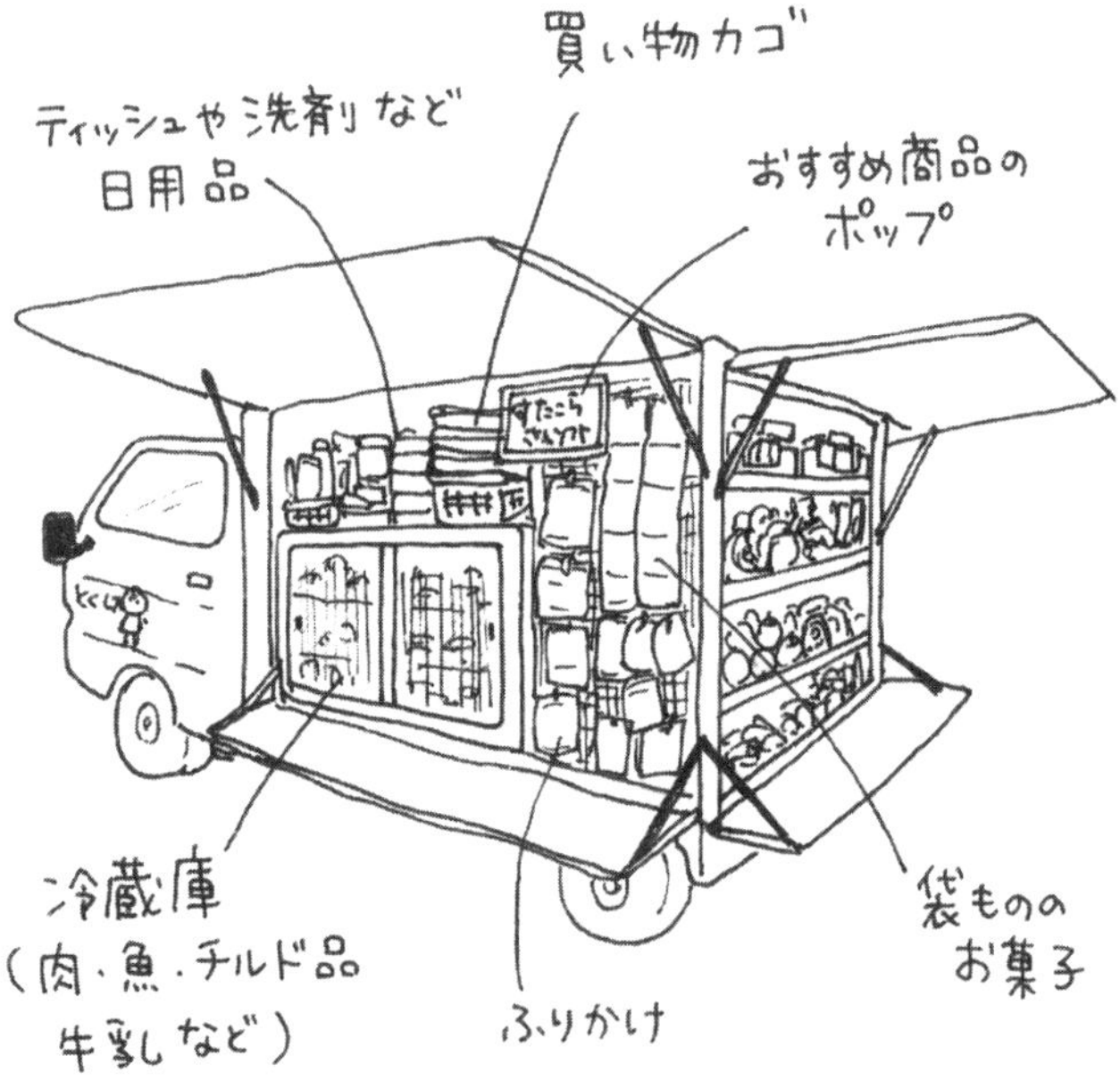

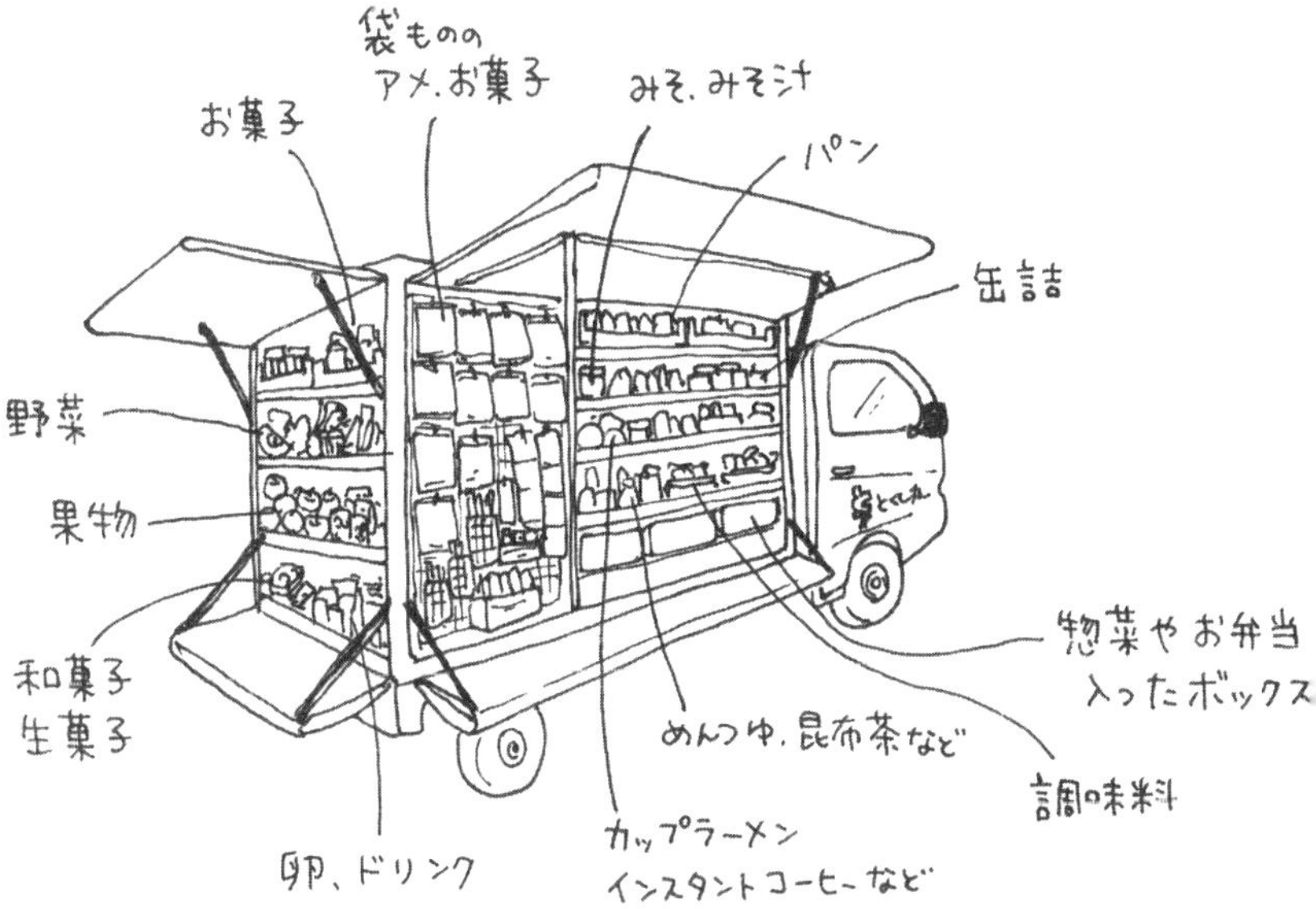

袋ものの
アメ、お菓子
お菓子
みそ、みそ汁
パン
缶詰
野菜
果物
和菓子
生菓子
惣菜やお弁当
入ったボックス
めんつゆ、昆布茶など
調味料
卵、ドリンク
カップラーメン
インスタントコーヒーなど

週2回がちょうどいい？

とくし丸5号車は、基本的に月木コース（宮津市の波見《はみ》、日ケ谷《ひがたに》、田原《たわら》地区と伊根町の伊根地区）・火金コース（宮津市の日置、府中地区と与謝《よさ》郡の旧岩滝地区）・水土コース（伊根町の朝妻・本庄地区）の3コースあり、各コース週2回ずつ販売してまわります。

これは、「毎日来たらうっとうしい、週に1回では物足りない。週に2回がちょうどいい」からだそうです。なるほどな、です（笑）。

ご挨拶のとき、販売に伺うことをお約束できた場所を線でつないでコースにし、順番に店開きをします。多い日は20カ所以上になります。

最初はコースを覚えるまでにひと苦労でした。道を間違えたり、飛ばしたり、戻ったりしながら、少しずつ頭に叩き込んでいきます。

慣れない積み込みから、慣れない運転、慣れない接客・販売と何から何まで初めてで、新鮮と言えば新鮮ですが、体から頭から、使えるものはすべて使っているような……それくらい神経を使っていました。

もちろん商売ですから、神経を使うのは当然。でもやっぱり慣れない分、疲れ方は半端《はんぱ》ないです。

初日からマネージャーさんがつきっきりでご指導やサポートをしてくださって、とてもありがたくて心強いのですが、

「間違えたらアカン!」

と何度も言われて、プレッシャーを感じてしまってもいました。

体は全身筋肉痛。家に帰ったら、文字通りのバタンキュー。そんな私を家族はそっとしておいてくれて、旦那さんは慣れない台所仕事に奮闘《ふんとう》し、私は出来上がったお料理をただただ美味しいと感じて、感謝しながらいただきます。

とにもかくにも、そんな日々。夢のなかでも「とくし丸」、寝ても覚めても24時間ずっと「とくし丸」の生活が始まりました。

シュークリーム事件

とくし丸の出発式から約1週間後の4月8日、娘が中学校に入学しました。寒い寒

い日でしたが、大きな制服に身を包み、緊張しながら、そしてちょっと誇らしげに胸を張って行進する我が娘に改めて、

「ああ、大きくなったなあ」

とうれしく思う入学の日でした。

それからあっという間に1週間が過ぎ、私もとうとう巣立つときが来ました。マネージャーさんがサポートに入ってくださるのは昨日までで、これからは1から10まで自分ひとりになります。もちろん不安ですが、そんなことは言っていられません！　いつかはこの日が来るとわかっていたので、覚悟を決めて出発。

朝の積み込みを終え、販売も順調に進んでいたかと思いきや……伊根の坂道を下りているとき、何やらカタンと、嫌な音が。

「あっ、冷蔵庫の鍵、掛け忘れてる！」

車を止め、ドアをオープンして、しばし固まってしまいました。なんと、冷蔵庫の引き戸にシュークリームが挟《はさ》まって、見事に中身のクリームが爆発しています。

「クリームの少ない安いシュークリームならよかったのに……」

クリームたっぷりがこんなに悲しいなんて、私くらいのもんでしょう。半泣きにな

りながら、飛び散りまくったクリームを拭《ふ》きとりました。

まあ、最初にこういう失敗をすることで、次からメッチャ気をつけるはずです！

お客様に守られて

まだまだ余裕がなくて不慣れな私。１カ所に何人ものお客様が来てくださると、プチパニックになることもしばしば。

ある日、１人のお客様の会計をしているときに、別のお客様から、

「おねえさん！　食パンどこにあるの？」

と聞かれ、

「ちょっと、お待ちくださいね」

なんて言っていると、

「ええわ、ええわ！　私がとったげるで、あんたはレジしとき！」

と、他のお客様が手伝ってくださいました。

「今日は、あのお母さん来とんならんなあ。とくし丸のテーマソングが聞こえんかっ

たんかなあ」

なんて心配していると、他のお客様が、

「ええわ、ええわ！　私が呼んできたげるわ！　あんたは店番しときな！」

と呼びに行ってくださることもあります。

「みんな！　おねえちゃん1人で大変なんやから、ゆっくりぼちぼち買い物しようでぇ～（笑）」

と、声を掛けてくださったり、

「焦《あせ》らんでもええで。ゆっくりしたらええんやで。私ら、全然忙しいことないんやで」

と、気を遣っていただいたりもします。本当は農作業の合間に買い物してくださっていて、お忙しいはずなのに……。

「この人のこと先にしたげて。私は後でええから」

「いやいや、私も後でええで。私は夜までに、いんだら（帰ったら）ええんだで（笑）」

と、お客様同士で譲《ゆず》り合われたり、

「あんた！　損してへんか？　これも、ちゃんとレジで打ったか？」

と、心配していただいたり。

いっぱいいっぱいで息もしてへんのちゃうか？　と思うくらい余裕のないときに、こんな数々の優しいお声掛けをいただくと、本当にうっかり泣きそうになります。そして、心が温かい気持ちでいっぱいになって、とても幸せに包まれます。

「ありがとう！」

「こちらこそ、ありがとうございます！」

毎日、毎日、感謝感謝です。

超ハードな積み込み&棚おろし

毎朝、7時前にフクヤ男山店に入ります。そこから、積み込みに3時間。泣きそうになるほど激しい作業の始まりです。

日配《にっぱい》（牛乳や豆腐など）、青果、海産、精肉、パン、惣菜……。全部で700〜800個程度、とくし丸に積み込みます。その日の朝にスーパーの店頭に並ぶ、入荷したばかりの新しい商品を持って行くので、そこは胸を張って「どの商品も新鮮です！」と言い切れます。

季節によって、天気によって、気温によって、コースによって、毎日、自分なりに考えながら内容をアレンジして積み込んでいきます。

同じとくし丸の車でも、人によって積み込み方が異なり、几帳面《きちょうめん》な方、ダイナミックな積み込みの方、種類も数もまったく違います。そこが、同じとくし丸であっても、個人事業の面白いところです。

自分で積み込み内容をアレンジできるのは面白いのですが、10時出発という時間の縛りがあるなかで、700~800という数の積み込みを行うのは本当にハードです。じつは毎日「もう無理！」と、心で叫びながらやっています。

でも、商品をピッキングしながら、

「あの人はこれ好きやったな」

「この前はこのお豆腐買っておられたな」

「この商品、あの方がお好きちゃうかな？」

などと、あれやこれや考えながら積み込むのは、楽しい時間でもあります。

それから、積み込みと同じくらい（いや、さらに？）大変なのが、月に1度の棚おろしです。

生鮮食品は毎日積み替えしますが、一般食品や調味料、お菓子などは月に1度、賞味期限チェックをし、積み込み数を確認していきます。作業量が多く、かなりの重労働なのですが、「ひとりでは絶対無理だから」と言って旦那さんが毎回手伝ってくれます。子供たちも用事のないときには手伝ってくれます。

季節に合わせて食品を入れ替え、棚を並び替えることによって、毎月すっきり心機一転。棚おろしが終わったら、決まってランチに出かけます。それも、恒例《こうれい》の楽しみです。家族で一緒にとくし丸。楽しい貴重な時間であり、家族に改めて感謝の時間です。

子供たちは思春期で、なかなか口で言っても伝えられない、わからないこともあるけど、両親の頑張る後ろ姿を見て、今じゃなくてもいいから、何か感じてくれたらな……と思います。

フクヤ男山店さん

積み込みでは開店前のスーパー内に入って商品を選ぶのですが、フクヤ男山店さんでは、とくし丸の受け入れは私が1人目でした（今も男山店から出発するのは私1人です）。だから当然、とくし丸を開業してしばらくの間はスーパー側も初めてで戸惑いがあり、私も初めてでわからないことばかり。こちらの思いと、あちらの思いがなかなか通わず、きっとお互いがストレスを抱えていました。

お店の従業員の方々にとってみれば、これまでの仕事に加えて、とくし丸の仕事が増え、さらに私がいろいろと無理難題をお願いするのですから、迷惑に思われても仕方ありません。ですが、私としても「お客様のご要望をなるべくお聞きしたい！」という思いが強かったので、なかなか折り合いがつかず大変でした。

少しずつ、少しずつお互いにコミュニケーションをとって、信頼関係を築いていきました。

積み込んだ商品は私の買い取りになるのではなく、売れ残ったらそのままスーパーに戻してよい契約です。だから、たくさん持って出て、たくさん持って帰ってきた日は、本当にお店の方に申し訳ない気持ちでいっぱいになります。

でも、コースの最後のほうのお客様にも品揃《しなぞろ》えをきちんとしたいので、数が少なくて残り物感が出たりしないように、一生懸命考えながら積み込みます。正直、フクヤ男山店の従業員の方々には迷惑をお掛けしているでしょうが、これも仕方ないとあきらめてもらっている気がします。

「いつも早くから遅くまで大変やな」

とか、

「これで好きな飲み物買ってきな！　脱水症状なるで！」

と100円渡してくださったり、

「出来ることは協力するで、何でも言うてよ」

など、数々の優しい言葉掛けがどれほど心強く、また、どれだけ励まされたかわかりません。

今ではずいぶん親しくなって、少しは（いやいや、だいぶ）冗談も言い合えるようになってきました。

自分に余裕が出来ると、まわりも少しずつ見えてきます。フクヤ男山店のT店長さんは陰になり日向《ひなた》になり、全面的にとくし丸をバックアップしてくださいました。

誰よりも早く出勤して、誰よりも遅くまでお店におられる店長さん。ときにはレジに入ったり、トイレ掃除をしたり、切れた電球の交換を何十カ所もされたり、錆《さ》びたコンテナを磨いたり。

そして毎日、広い駐車場を隅々まで火箸《ひばし》を使ってゴミ拾いされています。雨の日も、風の日も、そして雪の日も。

「これは、店長の仕事なんですか？」

あるとき、疑問に思って聞いてみたことがあります。

「いや、違うよ。だって、みんなしたくないやろ？　でも、誰かがせんなんやん。だから僕がやってるだけ」

感動しました。これは誰でも出来ることじゃないと思います。お店を大切に思っているからこそですよね。

私も「とくし丸5号車」を大切に思っていますが、ちょっと疲れているときなど、掃除をおろそかにしてしまいそうになります。そんなときは、店長のゴミ拾いの姿を思い出し、グッと頑張ろう！って思います。

人の嫌がることを進んで自ら行う店長さんに、言葉ではなく、その姿勢でいつもいろいろ教えていただいています。

とくし丸は、基本的には1人で販売していますが、その陰には多くの人の支えがあって成り立っています。そのことを日々忘れたらアカンなって思います。

スーパーフクヤの皆さま、今後ともどうぞよろしくお願いいたします！

仲間が寄ってく〜る

とくし丸にはテーマソングがあります。音楽を鳴らして、「来たよ〜」とお客様にお知らせしています。そのテーマソングが老若男女に大人気！「誰が作ったの？」とよく質問されます。

じつは私もくわしいことは知らなくて、とくし丸本部の住友社長にお聞きしたところ、ていねいに教えてくださいました。

作詞は坂田千代子さんで、とくし丸の創業メンバーの1人だそうです。作曲は柳町春雨さん。徳島の音楽業界で知らない人はいないという有名人です。そして、ボーカルはなんと、「♪エバラ焼肉のたれ」とCMで歌っていらっしゃる人なのだそうです。まれに子供の歌声が聞こえるのは、柳町春雨さんの2番目の娘さん、高木茜ちゃんです。

しかしまあ、ほんとにこの歌はよく出来ているなって、思います。毎日聞いていても飽《あ》きない。つい口ずさみたくなる。スキップしたくなるという方もいらっしゃいます。

歌詞の中に、

「♪かあさん、おばあちゃん、こどもにわんわん
　みんな集まる　仲間が寄ってくる　とくし丸」

とありますが、本当にそうなのです。1軒のお家にお伺いしているうちに、1人、2人と集まって来ていただいています。特に、ちびっ子ちゃんに大人気！　車で走っていても、手を振ってくれるお子さんがたくさんいます。

「今まで泣いてぐずっていたのに、とくし丸の音楽が聞こえたら急に泣きやんで、本当に助かりました！」

「出かけていて、帰りたくないって駄々《だだ》こねてたんですけど、とくし丸来るよ！

って言うたら、遊んでるのやめて帰ってきたんです」

「孫がずっと、とくし丸の音楽聞いて踊ってるんですよ。それを撮影したビデオをおじいちゃんが1日1回は観てるんですよ」

と、うれしいお言葉をたくさんいただきます。

きっと、そんなお声が全国でも多いのでしょう。とくし丸のテーマソングがウェブでダウンロードできるようになりました。テーマソングをご存じの方も、まだお聞きになったことのない方も、移動スーパーとくし丸のサイトを覗いてみてくださいね。

［移動スーパー　とくし丸のうた］

1　とく　とく　とーく　とくし丸　♪
野菜に　お肉　お味噌に　雑貨
笑顔もいかが～？
移動スーパー　とくし丸

2
とく　とく　とーく　とくし丸♪
かあさん　おばあちゃん　こどもに　わんわん
みんな集まる
仲間が寄ってくる　とくし丸

3
とく　とく　とーく　とくし丸♪
できたて　おいしい　お得な　スーパー
今日もあなたと
とくしまエライヤッチャ　とくし丸

チョイス

伊根は、「舟屋」と呼ばれる1階が舟のガレージ、2階が居住空間という造りの家が、湾沿いに建ち並ぶ景観で有名な観光地です。最近は舟屋に泊まれる宿もいくつかできて、大人気で予約がなかなか取れないほどだそうです。国の重要伝統的建造物群保存地区にも選ばれています。

そのせいもあって、外国からの観光客にお会いすることも結構あります。先日もとくし丸を開こうと準備中、カップルがそばに寄って来られました。

「どうぞ、ご覧ください」

と声を掛けると、おふたりで何やらお話を。日本語ではない……これまでにも何度か接客をした経験があるのでわかりました。これは中国語だ!

女性の方はとくし丸に興味津々で、私が扉を開くたび、

「お～!」

と、感動してくださいました。

日本語と丹後弁を少々しかしゃべれないので（笑）、身振り手振りで説明しました。

「冷蔵庫です」

「ここは、野菜と果物です」

「こっちにはパンやお惣菜です」

相手がどれだけ理解してくださっているかはわかりませんが、気持ちはキチンと伝わった（?）ようで、リンゴとひきわり納豆をお買い上げくださいました。

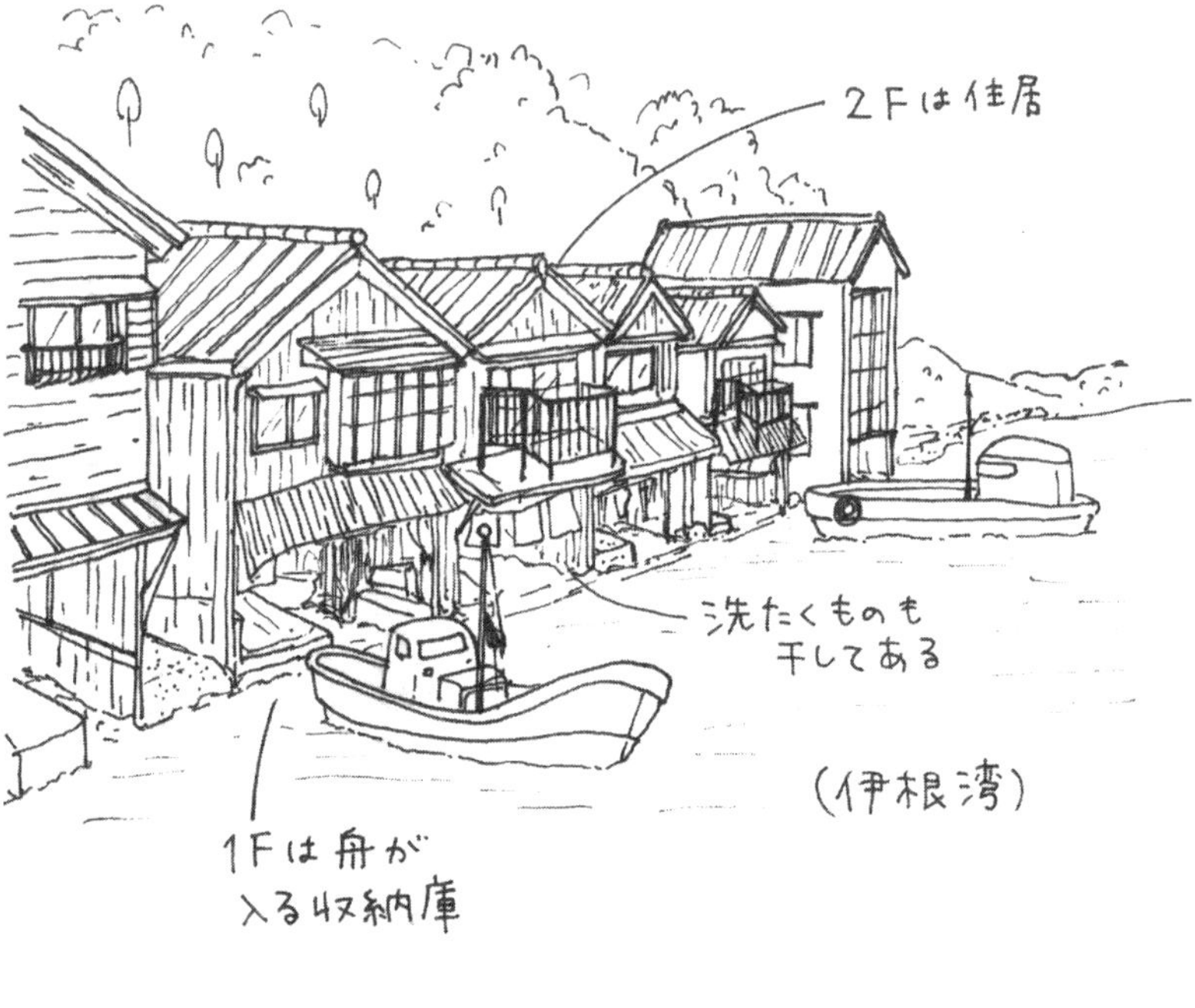
2Fは住居
洗たくものも
干してある
(伊根湾)
1Fは舟が
入る収納庫

納豆……

しかも、ひきわり……

ひきわりは包丁で刻むマネをして、「細かい」とだけ伝えました。すると納得したように「OK!」とおっしゃいました。

ひきわりのご購入には驚きましたが、そこは平静を装って、消費税の説明も身振り手振りでして（どうやったら、身振り手振りで8パーセントの説明になるのかはご想像にお任せします）、お会計も無事に済んで、最後に記念撮影!

「ありがとうございました!」

「あっ、はし!」

「はし？　お〜、箸!」

と、箸を手渡してから、ふと思いました。

ん？　今食べるの？

他の納豆は3個入り、ひきわり納豆は2個入り……。私の刻むジェスチャーで納得してひきわりを選んだわけじゃなくて、2人で分けるから2個入りを買った？

まあ、いっか（笑）。今日も素敵な出会いに謝謝《シェイシェイ》!

ものすごい運動量です

旦那さんが健康のために、お昼休みに近くの公園でウォーキングしたり、ジョギングしたりしています。市から立派な万歩計をお借りして、毎日チェックしては励《はげ》みにしているようです。

ある日、

「お～！　今日は5000歩も歩いとるわ！」

と言うのを聞いて、

「ん？　朝からバタバタ積み込みに3時間かけて、販売中も何かと動き回っている私は、いったい1日にどれくらい歩いているんだろう？」

と、ふと気になり、翌朝、私も万歩計をつけてみました。

もちろん仕事中は夢中になっているので、万歩計のことなどすっかり忘れていましたが、帰って思い出して見てみると……まぁや！　1万歩を軽く超えとるがな！

約10キロ、歩いていたようです。消費カロリーも2580キロカロリーだって！

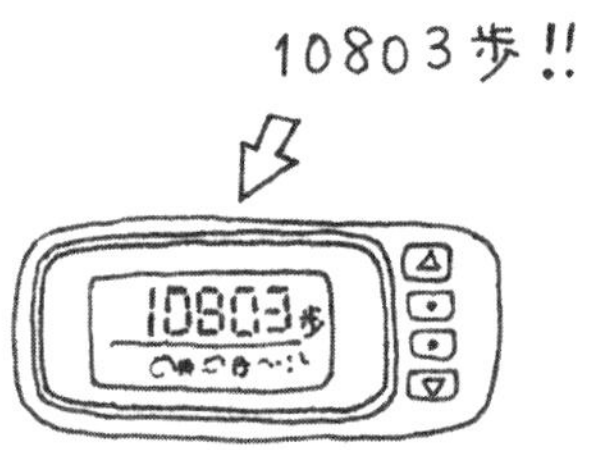

カツ丼とステーキとラーメン食べられるかな（笑）。しかも、1万歩のうちの半分は早歩きか、駆け足と出ました。どんだけバタバタしとるんやっ！　そりゃあ、知らん間に痩《や》せるはず。

いつの間にか体重が落ちる〈とくし丸ダイエット〉、そのうち人気が出るのでは？（笑）

トイレに困る

販売にまわっていて、困ることのひとつにトイレがあります。開業時、販売ルートを決めたときに、ある程度トイレの場所はチェックしてあったのですが、心底冷える冬の日などは、いつも以上にトイレが近くなります。

そうすると、トイレのリズムが狂ってしまって大変です。私の販売ルートは山中も多く、なかなか公衆トイレのない場合が多いのです。

そんなとっても寒いある日、あるお宅に販売に伺った際、

「あんた！　トイレどうしとるんや？」

と、聞かれました。

「あんな、トイレ我慢《がまん》したらアカンで！　トイレ我慢したら体壊すで！　あんな、トイレ行きたい行きたくない関係なく、うちに来たときはうちでするようにしな！　そしたら、自然にリズムが出来てくるし。ええな！　さあ、今すぐ行っといで！」

と、言っていただきました。なんともありがたい……。だって、なかなか人を家に入れるのだって気が重いじゃないですか。まして、トイレなんて……。

真剣に心配してくださることに、感謝感謝です。

売ったものがアッという間に

少し前に梅をご購入くださったお客様が、

「とくし丸で買った梅、上手に漬《つ》かったよ！　見てみる？」

と言われたので、もちろん、見せていただくことに。

「ほら、この新ショウガも！　全部、ここで買ったもんで作ったんだよ。上手に出来てるでしょう？」

ついこの間買っていただいたばかりのような気がするのに、アッという間に美味しそうな梅干しとしょうが漬けが出来ていました。本当にいい匂いがして、思わず、生《なま》唾《つば》ゴックンです（笑）。

「ビンなんかに漬けなくても、これで充分！　冷蔵庫で出来るよ」

とおっしゃるので気付いたのですが、なんと、ビニール袋で漬けていらっしゃるのです。そうか〜、ビニール袋でおいしく作れるなんて手軽ですね！　って、このお客様、素敵な壮年の男性なんですよ！

なんでもご自身で器用にパパッとやってしまわれて、いつも勉強させていただいています。

正直

いつものように店開きをすると、あるお客様が来られるなり、

「これ見て！」

と、レシートを差し出されました。『私、またミスしたんだ（汗）』と思い、

「間違えてましたか⁉　すみませんでした！」

と、謝りました。

「あんな、このお菓子、この前買ったやろ？　うちに帰って2個食べたんや。でもな、ここ、ほら。1個しかレシート打ってないやろ」

……えっ？　一瞬、理解ができませんでした。

「あのとき、私も袋に入れ、あんたも袋に入れたんやろな。いっつもは、私レシート見んとすぐに捨てるんや。ほら、このレシートもクチャクチャやろ。でも、何かフッと気になってゴミ箱から出して見たら、ほら1個になっとるやん。でも、もう私のお腹に入ってしまっとるやん（笑）」

「正直ですねぇ〜。黙ってたらわからんことやのにぃ〜」

と言うと、

「そうなんやん。私もちょっとそう思ったんやん。でもな、気持ち悪いやろ、やっぱり。で、今日言わな言わな思って、ずっと気になってたんや。だから、今日はこの分もちゃんと取ってな」

また、お客様に教えていただきました。こういう場面に出会うたび、販売するって、ただ単に物を売買するだけじゃないんだな。目に見えない、お金で買えないものを与えたり与えられたりしているんだなって感じます。

お客様には、大変なご迷惑をおかけし、申し訳ない気持ちでいっぱいになりましたが、出会ってまだ3~4回のそのお客様との距離が、お客様の正直な優しさのおかげでグッと近くなったと感じた出来事でした。

家族の力

慣れない仕事に頭も心も体もくたくたで、家に帰ったらしばらく爆睡してからしか動くことができない。そんな妻・母を、夫と子供たちは何も言わずに見守り、それぞれに出来ることをして応援してくれます。

私自身、「将来はこんな商売をする」と先を見据《みす》えていたわけではまったくありませんが、うちでは子供たちが小さい頃から、よくお手伝いをしてもらっていました。そして、成長にあわせて少しずつ、自分のことはすべて自分でするように教えていました。

保育所に行く用意、帰ってきてからも出すものは出す。そして、自分専用のブラシを与えて、自分の靴は自分で洗うようにしていました。

遠足や、家族で旅行に行くときも、自分のリュックにそれぞれ自分たちで準備をし、母は一切、手を出しませんでした。だから、未だに修学旅行なんかの準備もしたことがありません。

そうやって、割と自立した育て方をしていたのが役立ち、急に母が1日中いない生活になっても混乱は少なかったように思います。

旦那さんも、普段からゴミ出し、洗濯干し、掃除なんかは協力的でした。ただ、食事に関してだけは「無理！」と、目玉焼きくらいしか作ったことがなかったので、これは大変でした。

2人兄妹の下の娘はよく台所に立って手伝ってくれていましたが、ちょうど中学校に入学して忙しくなり、なかなか時間もなく、旦那さんが頑張ることを余儀《よぎ》なくされました。旦那さんはインターネットや料理本を駆使《くし》し、一生懸命に料理を勉強してくれました。

それが、やってみると意外と楽しかったようで、

「俺、結構主夫に向いとるかもしれんわ」

と、なるべく残業せず、早く帰ってきて家事に精を出してくれています。

娘が中学校に上がって手が離れ、タイミングはよかったのですが、新しい学校の環境に慣れるのが大変。上の兄は反抗期真《ま》っ只中《ただなか》。旦那さんは慣れない主夫業でいっぱいいっぱい、私も心身共にヘトヘト。

最近でこそ生活のリズムができましたが、落ち着くまでは本当に大変でした。みんながそれぞれ余裕がなく、喧嘩も絶えませんでした。

今思えば、私が家族に甘え過ぎていました。こんな妻を母をよく見捨てず、サポートしてくれたなと、本当に思います。特に旦那さんの頑張りと心の広さには改めて驚きました。

これは余談ですが、旦那さんの初恋の人は私なんです（笑）。旦那さんは、私と同じ中学校のひとつ下の後輩でした。

中学時代からお転婆《てんば》で、周りを巻き込んで大騒ぎするような私をなぜか想ってくれていて、今でも変わらず、そういう私を楽しそうに見守ってくれています。

私がとくし丸の話をするのを、うれしそうに楽しそうに聞いてくれます。私が私らしくいていいんだ。そう思わせてくれます。

どんなに忙しくても、家に帰るとリラックスでき、リセットでき、またフレッシュな気持ちで朝を迎えられる！　こんな家族がいてくれるから、全力で頑張れる！

本当にありがたいです。

こりゃ便利！

とくし丸を始めてから、携帯電話がなくてはならない物になりました。とくし丸を始めるまでは、携帯不携帯でも、そんなに支障を感じない生活でした。

今は、お客様やフクヤの従業員の皆さん、業者さんからの電話やメールのやり取りが頻繁《ひんぱん》で、片時も電話を手放せない日々です。

接客中や運転中にもかかってきます。それを心配して、旦那さんがこんな提案をしてくれました。

「イヤホンマイク買ったら？」

イヤホンマイクと聞いてパッと思い浮かんだのが、テレビなどで見るSP（要人警護をする警察官）がしている図です。

「え～！　大げさになって目立つんちゃうの～」

それと、いちばん心配だったのがイヤホンが耳に入るか？　ということです。私の耳は誰にも負けないくらい小っちゃくて（保育園児にも負けます！）、今までつけたイヤホンはどれも、私の耳には大きすぎて入らず、ポロッと耳から出てきてしまったからです。

でも、せっかく旦那さんが提案してくれたんだし、探すだけ探してみようと、カー用品のお店に行きました。そしたら、案外簡単に見つかって、思ったよりお安かったので買ってみることにしました。

早速、装着！

やはり、イヤホンはスポッとは耳に入ってはくれませんが、私みたいな人のため（？）なのか、ちゃんと耳にかけるフックがついていて、しっかりホールドしてくれます。

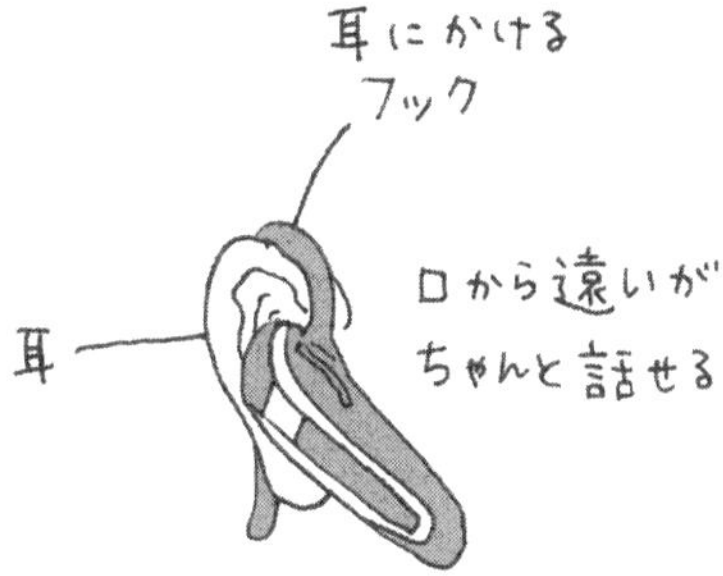

音も雑音などが入って聞きにくいのでは？　と思いましたが、めっちゃクリアで、聞き取りやすいです。

そして、何がいちばんいいかって、運転中はもちろん、積み込みしているときでも、両手を使って作業しながら話が出来ること！　これは想像以上の具合の良さです！　具合ええ～！　です。余裕のあるときは、音楽を聞きながら作業もできちゃいます。

ただ、心配なのは……まわりの人から見たら、「1人で何しゃべってんの？」と、おかしな人に思われないかということです。

もし、そんな場面を見かけても、決して変な人と思わないでくださいね（笑）。

大切な思い出の日

ある土曜日、学校がお休みの息子がとくし丸に乗車して、バイトしてくれました。中学生ですが、まだまだ幼い息子。

「どうや？　とくし丸でバイトせえへん？　1日乗ったら千円あげるわ」

と言うと、

「えっ？　千円？」

うっ、やっぱり千円くらいでは無理か……（心のつぶやき）。

「母ちゃん！　マジで？　千円もくれるん⁉」

えっ、そっち⁉

「う、うん。もちろん、あげるで～」

「やるやる！」

ああ、このまま何の知恵もつけないでおくれ、息子よ……。

とにかく、交渉成立！　1日助手席に乗って、一緒に販売にまわってくれました。

最初は何をしていいのかわからず、ボーッと突っ立っていた息子。

「絶対に何かやることはあるはず。ボーッとしてないで、今何が自分に出来るかを考えて動くことが大事！　これから社会に出たとき、勉強よりも役に立つと思うよ。それと、挨拶な。挨拶がキチンとできる子は、仕事もできる！　挨拶ができたら、ほとんどオッケーみたいなもんや！」

と叱咤激励《しったげきれい》しました。お手伝いならそこまで言わないけど、お金が発生するんだもん！（たとえ日給千円でもね）ちゃんと、やってもらいますよぉ～。

いろんな場所で、いろんな方から、

「お母ちゃんにそっくりやな。すぐ息子ってわかったわ！」

「えらいなあ、遊びたい盛りやろうに」

「ええ勉強やで。ええ経験や！」

「よ～け、お母ちゃんにバイト代もらいなよ！」

などなど、お声掛けいただき、徐々に緊張もほぐれてきた感じ。笑顔も自然に出て、挨拶の声も大きくなっていきました。

それに、コンテナの中の物が減ってきたら補充したり、乱れを整えたり、自分で仕事を見つけて動けるようにもなってきました。

販売を終えて店に戻る途中、「このまま家に戻るか？」と聞くと、「最後までやる！」と言って、掃除までしてくれました。さすがに疲れたようで、車の中で途中爆睡していましたが。

家に帰って「また乗るか？」と聞くと、「楽しかったし、また乗る！」と。

ほぉ～。

よく考えると、忙しくて最近なかなかゆっくり息子としゃべる時間もありませんでした。まあ、思春期ってことで余計に母親としゃべらなくなってきますよね。それが、この日はガッツリ1日一緒。お客様との楽しい会話のおかげで、息子との話も弾みました。

そして、何よりビックリしたのが、次の日の息子の変化。一昨日までのウダウダしていた感じが一変。イキイキして、とくし丸にワックスをかけてくれたり、「おはよう！」「ありがとう！」「おやすみなさい」と、挨拶が自然に口から出るようになっているのです。とくし丸効果でしょうか？（笑）

たぶん、一時のことだと思いますが、またウダウダしだしたらバイトに誘ってやろうと思っています。日給千円が決して高くないってことに気付く、いつかその日までに……。

大笑い

あ〜、今日は何回大笑いしただろう？　長い1日を、お風呂の中で振り返ります。

あんなこと、あったなあ

こんなこともあったなあ
もう1回、思い出し笑いをします。

不思議と嫌なことは思い出さず、楽しいことばかりが浮かびます。

今日は、大通りからだと通りの奥のほうまで音楽が聞こえないと言われるので、車すれすれいっぱいの細い道を入って、音楽を鳴らしてみよう！　と、試みました。そしたら、最後のほうが細いL字カーブになっていて、前にも後ろにも進めなくなってしまいました。

助けを呼ぼうにも、横に木が立ちはだかっていてドアも開けられない状態でした。戻ろうと思ったときには、もう遅い状態。泣くに泣けない。助けも呼べない。自力で頑張るしかありませんでした。

頭はパニック、胸はドキドキ！

なんとか、時間をかけ、少し車にダメージを受けながら脱出することができました。時間にして、10分か20分か……。頭からつま先までの力を全部出して切り抜けた感じでした。

でも、そのショック状態も、お客様に笑い話として聞いていただき、みんなで大笑いしているうちに、何でもなかったことのようになっていました。

笑うってすごいなぁ～

笑う、笑えるって最高の薬だなぁ～

色んな場所で、いろんなお客様と、いろんなお話をします。ときには悲しい話。ときには怒りや嘆《なげ》きのような話もあります。

でも、最後には必ず笑って笑ってさよなら。

のどの奥が見えるくらい大きな口を開けて、大声で笑えることがなんと多いか。行く先々で、お客様と一緒に大きな口を開けて大笑い！

本当に幸せな仕事をさせてもらってるなあって、思います。

お客様の笑顔が何よりの宝物です。

今日もたくさん笑えたことに感謝感謝です。

2015年6月16日、毎日新聞の朝刊に
大きく とくし丸を取り上げていただきました！
しかもカラーで！
まだまだスタートして2カ月半の駆け出しが
甚だ おこがましいことですが、
とくし丸を知ってもらう良い機会になりました。

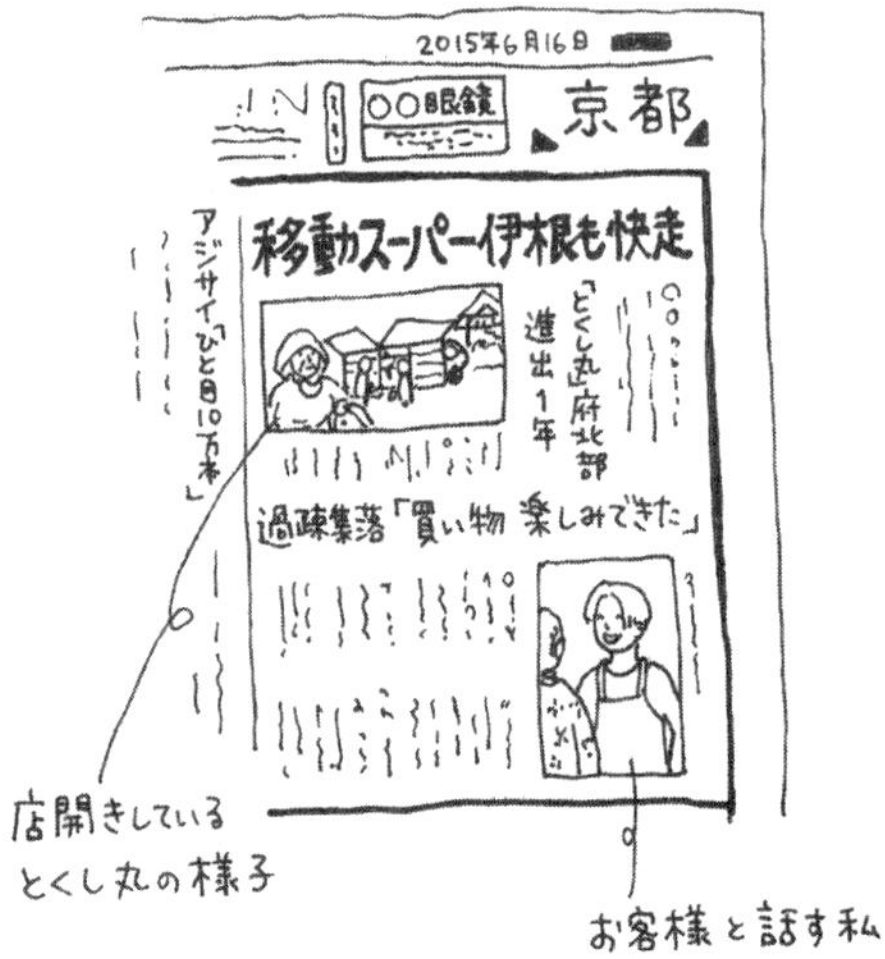
2015年6月16日
○○眼鏡
京都
移動スーパー伊根も快走
「とくし丸」府北部
進出1年
過疎集落「買い物 楽しみできた」
アジサイ「ひと日10万本」
店開きしている
とくし丸の様子
お客様と話す私

第3章

商売って面白い

第2回とくし丸親睦《しんぼく》会

1通のご案内が届きました。差出人はスーパーフクヤの専務さんから。「第2回とくし丸親睦会」のご案内です。

第1回目は、まだ私がとくし丸を開業する前の研修期間中で、そのときは5名での会食とカラオケでした。でも、今回は新しい販売パートナーさんも増え、フクヤさんの「とくし事業部」に関わる方々も参加され、大人数で甲子園球場にて「阪神vs.ヤクルト野球観戦」となりました（専務が虎がお好きということもあって）。

どうせ行くならと、みんなでとくし丸オリジナルのオレンジ色のTシャツを着ていくことに決定！　阪神ファンのまっ黄っ黄のなかに動くオレンジの集団。想像していた以上に、みんなの注目を集めちゃいました（笑）。

だって、オレンジと言えば…ですものね〜。

とにかく、周囲の観客の好奇の視線をバンバン浴びながら、「赤信号　みんなで渡れば　怖くない！」の精神でトラッキーと写真撮影。

この日のために、専務は参加者への案内に始まり、チケットの手配・レンタカーの手配・各自への連絡など事細かにしていただき、そのうえ、当日は車の運転、そして車中での飲み物・お菓子の用意はもちろんのこと、朝5時からみんなのためにおにぎり弁当や球場でのおつまみセットまで作ってくださっていました。

おにぎり弁当には、ちょっとした遊び心ありで、カニさんウインナーまで入っていました。そして、もうひとつ遊び心が……。

「美味しい、美味しい」

と、食べている途中でどこからか、

「からっ！」

と、聞こえてきました。

「うわっ、辛いぃ〜」

と、あちらからも……。

どうやら、おかずの「ちくわきゅうり」の中

に、しこたまワサビが仕込んであったようです。専務はいつまでも少年の心を持ち続けていらっしゃるようで（笑）。

そんなこんなで車の中は盛り上がり、野球もすごくいい席で観戦でき、阪神は逆転勝ちで盛り上がり、とくし丸の販売パートナーさんとフクヤさんの親睦もより一層深まった楽しい1日となりました！

あっ、それにもう1つ。試合の前後は大雨だったのに、試合中はメチャクチャいいお天気で、これもミスター晴れ男の称号を持つ（？）専務の大きな功績！　と、感謝感謝でした。

第3回の親睦会の頃には、もっと仲間が増えているとうれしいな。

こぢんまりのメリット

とくし丸5号車は、個人宅や広場だけではなく、いろんな施設にもお伺いしています。「岩滝あじさい苑」様には、毎週金曜日にお世話になっています。毎回、お菓子やパンや果物などを楽しんでお買い物していただき、私もとても楽しみにしているのですが、伺うようになってすぐ、「岩滝あじさい苑通信」という発行物に、「訪問移動販売・とくし丸が来てくれます！」と写真付きで紹介していただきました。ちょっとしたイベントのように楽しみにしてくださっていること、本当にありがたいです。

「日置青嵐荘」様へは月に1度、販売に伺っています。前の販売から1カ月が経つので、最初の頃はご利用者様に覚えていただいているか不安でしたが、そんな心配は無用でした。

とくし丸は大きなスーパーと違い、品物の種類も数も少なくはなりますが、逆にご高齢の方には、広い場所を歩き回って探さなくてもすぐに見つけられるメリットがあるようです。

歩行が困難な方も、あまり歩かずに見たいものが見られる、買い物がしやすいと、おっしゃってくださいます。

わからないとき、見つけられないときは、聞いてもらえればお渡しします。

「あれは？」

「はい。（品物を出す）」

「これは？」

「はい。(品物を出す)」

「じゃあ、あんなのは？」

「はい。(品物を出す)」

「まあ～、欲しいと思ったものが全部あったわ！　結構、なんでもあるんやねぇ」

と、ビックリされることがあります(笑)。

　もちろん、積める種類や数に限りはありますので、欲しいものがない場合は、次のときにお持ちします。

　こぢんまりのメリットを生かしつつ、ニーズに応える品揃えが出来るよう、日々努力です。

祝・新規出店

　ブログやフェイスブックで発信し続けているおかげか、そのフェイスブックがご縁となって、新しい場所にお店を出させてもらうことになりました。

　その場所とは、日本三景のひとつ、「天橋立《あまのはしだて》」が一望できる傘松《かさまつ》公園へ登るケーブ

日本三景のひとつ、天橋立

ル乗り場の真ん前！（な、長い説明……）

まさか、こんな観光地の真ん中でお店を開くことになるなんて！

「うちの前にも来てぇな！」と声をかけてくださったのは、おみやげ物屋を営まれている方です。店番があって、なかなか買い物に行けないから……ということでした。

初日から近くのおみやげ物屋さんの方々も数名来てくださって、

「思った以上にたくさん積んであるなぁ～」

「すご～い！」

「なんでもあるんやなあ」

との、お声をいただきました。

初めてのお客様に見ていただくときは、毎回ドキドキとワクワクでいっぱいですが、今日もそんなお声を聞いて、それがウキウキに変わりました！

伊根と天橋立、いずれも観光名所でお店を開かせていただくことができて、本当に私は恵まれているなあと、つくづく感じています。もしかしたら、また、いろいろな地方や海外からの観光客の方々との楽しい出会いが待っているのかと思うと、私のドキドキ・ワクワク・ウキウキ♪は止まらなくなりそうです！

別注《べっちゅう》は信頼の証《あかし》

とくし丸を始めてしばらく経つと、少しずつご注文を受けるようになってきました。そのご注文を「別注」と呼んでいるのですが、最初にマネージャーさんから教えてもらったのが、別注の大切さです。

別注は、信頼の証。

別注を受けるということは、それだけお客様に信用をしていただけるようになったということ。そして、必ずそのお客様は買い物に出て来てくださるという約束でもある、ということです。

別注をいただくと、その都度《つど》、別注用の用紙にメモをします。どなたが、いつ、何を、何個必要か。そこで、お客様のお名前や連絡先を初めて知ることもあります。

お客様が多く集まる場所では、他のお客様をお待たせしてはいけないという気持ちもあり、つい、落ち着いてから記入しようと思いがちですが、それはミスの元。そのときはちゃんと覚えていても、バタバタの後で記入を忘れることや、聞いたものを忘れてしまうことがあるからです。

実際に忘れてしまったこともありますし、思い出せずに焦ったこともあります。そんなときは、本当に背中が凍りそうになります。お客様にご迷惑をかけ、失望させ、最悪信用をなくすことになるからです。

幸い、お客様たちの広く温かいお心のおかげで、今のところは最悪のことには至っていませんが、それでもやはり、ガッカリさせてしまうことには間違いありません。

それほど、別注を大切に思っています。なるべくご希望に添えるよう、スーパーの担当の方にお願いしたり相談したりして商品を揃え、お届けしています。

フクヤ男山店で用意できないものは、別のお店で購入してお渡しすることもあります。例えば、ドラッグストアでしか購入できないものや、野菜の苗など。ときには、時計の電池交換も頼まれたりもします。代行手数料などは一切いただいていません。

それから、フクヤ男山店で用意できる商品でも、とくし丸では販売できないものがあります。酒、たばこ、雑誌、地域指定のゴミ袋です。それらのご注文もすべて「おつかい」になります。

お客様の代わりに私が自分の財布から買って、商品をレシートと一緒にお客様に渡し、レシートどおりの金額をちょうだいします。もちろん、これは売り上げにはなりませんが、お役に立てることは出来るだけしたいと思っています。

ちょっとそこまで、と身軽に動くことがなかなかできない状態のお客様にも、とくし丸を便利に利用していただいて、大いに頼りにしてもらえればと思っています。

猛暑対策

私をよく知る人からは、「意外！」と言われますが（中身がどうも熱いらしく……）、真冬生まれのせいでしょうか、夏が本当に苦手です。人一倍新陳代謝《しんちんたいしゃ》がよく、汗っかきなので、脱水状態になりやすいのです。

だから、初めての夏を迎える前から、万全の態勢で臨《のぞ》みました。

まずは着るもの。暑いとどうしても薄着になりがちですが、とくし丸のマネージャーさんから「薄着はやめたほうがよい！」と、強く教えていただきました。肌を出していると、直射日光を浴びて、肌にダメージを受けたり、体の水分を全部持って行かれるので、熱中症にかかりやすいそうです。

本当は、「水着を着ておいて、もうどうにもならなくなったら、海に飛び込むってのもありかな？」なんて、冗談半分、本気半分のことも考えていたくらいだったので、目からウロコでした。

早々にスポーツ用品店に行き、アンダーシャツを購入しました。やっぱり、ええもんはお高いですが、1日中着るし、身を守るためを思えば仕方ありません。通気性がよく、UVカットもばっちりです！

ついでに、同じような機能のスパッツも購入しました。スパッツだけ履《は》くわけにはいかないので、そのうえに履くための、スパッツと同じような機能の半パンも買いました。

全部身にまとうと、メッチャ速く走れそうです。エプロンをつけていなければ、完全にアスリートです（ある意味、とくし丸はアスリートですが）。

それに、一応女子なので日焼け対策として、つばの広い帽子かサンバイザーを被《かぶ》ります。

最後に、水に浸すとひんやりする首に巻くタオル。

あと、これは夏に限らず年がら年中ですが、腰に巻くコルセットと、ふくらはぎと膝《ひざ》用のサポーターも欠かせません。

つばの広い
帽子
ひんやり
タオル
速乾Tシャツ
速乾短パン
塩分＆クエン酸入り
タブレット
アンダーシャツ
通気性とUVカット！
スパッツ

全部つけたら、装着完了！　って感じです（笑）。

服装と同じく大事なのは、水分補給&塩分補給です。梅干しの入った塩のキツイおにぎりを作って食べたり、塩分&クエン酸の入ったタブレットを舐《な》めたり、お客様にもお配りして、共に熱中症にならないように気をつけています。

もちろん、食品に対する対策も必要になります。これまでは常温で大丈夫だった食品（例えば、卵やチョコレートなど）も冷蔵庫に入れなければならなくなります。ただでさえ冷蔵庫はいっぱいなのに、もうパンパンの状態です。

お惣菜などは保冷剤を入れたコンテナに入れていますが、これまでは、直射日光さえ当たらなければ、ふたを開けた状態にしてお客様に見てもらっていました。

でも、真夏のあいだはもう一枚上にアルミシートみたいなものを被せて、ふたを閉めた状態で、お客様が買われるときだけ開けて、すぐに閉めていただくようお願いしています。

どこか日陰になるような場所があれば、ずいぶん違うのですが、何も遮《さえぎ》るもののない広っぱのような所もあります。そんなときは、サンシェードを吊《つ》り下げて対応しています。

お客様は、割と気にされない方も多く、お買い物が済んでからもお話が弾んで、買った物をそのまま手に提《さ》げていらっしゃることもあります。

そういう場合は、水を差すようで申し訳ないですが、

「1回、買ったもん置いてきなってから話しなったらどう?」

と、お声掛けさせてもらっています。

猛暑のなか、自分の健康管理はもちろんのこと、皆さんの体調にも気を配り、対策を万全にして、一緒に暑い夏を乗り切りたいと思っています!

私の1日

私の1日は、朝5時に始まります。開業当初は積み込みも不慣れだったため、身支度をして6時頃にはスーパーに行っていました。今は7時前に店に到着すれば間に合うようになりましたが、朝のこの時間は、1日で唯一、ひとりでゆっくりできる時間なので、変わらず5時に起きています。

まず、起きてベッドの上でストレッチを10分~15分します。肩こりや腰痛持ちなの

で、少しでも改善できるよう、じっくりします。その後、テレビを観ながら朝ごはん。基本的にはパンとコーヒーとバナナ&キウイ入りヨーグルト。そして、母親特製の黒にんにく。余裕のあるときは、ちょっとだけ家族の朝食や旦那さんのお弁当のおかずも作ったりしておきますが、ほとんどは旦那さんが用意してくれます。

テレビを観ながらの食事は我が家ではNGなのですが、ひとりで朝ごはんを食べるこの時間だけは、小さな音でテレビをつけます。夜は基本的にテレビをつけないので、天気予報や世相を知るためです。お客様との会話にもつながりますし、CMを見ることも販売に役立ちます。

それから、新聞にも目を通します。世相プラス、地元の情報収集。それに必ず、お悔《く》やみ欄はチェックします。お客様やそのご家族が亡くなられてないかどうかはもちろんのこと、今日行くコースに誰か亡《な》くなられた方がないかということも、大事なチェックです。

とくし丸の音楽は、元気で楽しいものです。だから、そういうときは音楽を控えて(消して)走行します。

あとは、身支度を整えて出発です。家から店まで車で3分ほど。7時前に店に到着して、最初にパソコンの作業を行います。

商品はそれぞれバーコードで管理しています。販売に出ているときは、ハンディー・ターミナル（ハンディーと呼んでいます）という片手に持てるサイズの機械で商品のバーコードを読み込むと、商品名と金額が出てきます。よく宅配便業者の方が持っている機械と同じようなもの、と言えばわかってもらえるかもしれません。これのおかげで、一般のスーパーで出すような商品名と金額が入ったレシートが発行できます。

このハンディーに、新商品の追加や、野菜や果物の価格変更などの情報を毎朝パソコンから移す作業をします。これをしないと始まらない、大切な作業です。

その作業が終わると、積み込みです。

生鮮食品以外の食料品（調味料や缶詰など）や雑貨（トイレットペーパーなど）は、月に1度の棚おろしで決めた商品を基本的には1カ月間、同じ数だけ積み込むので、売れた商品の補充分はその日の夜にスーパーの担当者が揃《そろ》えて置いてくださっています。翌朝スムーズに積み込むための配慮です。まずはそれを積み込んでいきますが、たくさん売れた日は、その分、商品を揃えるのも積み込むのも作業が増えて大忙しになります。うれしい悲鳴です。

その後、日配（牛乳や豆腐など）・青果・海産・精肉・パン・惣菜の順で積み込んでいきます。私以外のフクヤさんの販売パートナー（他のとくし丸）は、スーパーの店内に入って、並べてある商品から直接選び、ピックアップして積んでいく人が多いのですが、私のいる男山店はフクヤさんの店舗のなかで配送がいちばん遅いため、店内に商品が並ぶのを待っていると出発が間に合わなくなってしまいます。

そこで、各部門に「火金コースは鶏ももを○パック、合挽《あいびき》ミンチを○パック」「水土コースは2分の1カットのキャベツを○個」といった感じで、あらかじめ定番商品の定数をお願いして、積み込めるように用意してもらっています。

それらに加えて、当日の天気や気温、お客様の好みやイベントの有無などを考えながら、店内にある商品をピッキングして積み込みます。そのときに店内で、野菜や果物などの価格変更もチェックします。

必要に応じて、各部門に用意してもらっている定番商品の種類や数を変更したり、生鮮食品以外の食料品や雑貨も状況に応じて数を増減したり、新商品を積んだり、アレンジを加えていきます。

積み込みの際、バタバタとしたなかで、商品それぞれの数を数えるのが結構な手間と神経を使います。月に1度の棚おろしで、書類上の商品数と実際に積んでいる商品数がぴったり一致するのが理想ですが、とにかく積み込む商品の数が多いので、なかなか合わずに苦戦しています（笑）。

このあたりの進め方は、スーパーごとに、また店舗ごとに少しずつ違ったりもするようです。

1日平均700〜800点の積み込みが終わったら、お店に預けてあるおつりの入ったケース（レジと呼んでいます）を持って、いよいよ10時に店を出発。とくし丸のテーマソングを鳴らしながら発車です。

大体どのコースも10時半~17時半くらいまで販売し、店に18時頃までに帰着します。本当は17時までに帰れるのが理想なのですが、販売状況により18時くらいになるのを許してもらっています。

スーパーに帰着したら、日配・青果・海産・精肉・パン・惣菜の各部門担当者が商品の引き取りに来てくれます。その際も、返品数を数えながら渡していきます。生鮮物を全部引き上げたら、精算作業をします。

ハンディーで読み込んだ情報（今日販売した商品と数）を店内のレジに併設されているプリンターで、ひとつはフクヤ用、ひとつは自分用に出します。今日1日の売り上げデータの一覧です。

そのデータを今度は店舗内にあるパソコンに送信し、「売上日報」と「単品別の売上日報」にしてプリントアウト。フクヤ本部とフクヤ本社にそれぞれFAX送信します。そして、とくし丸本部に売り上げ（金額）・客数・販売点数をメールで送信します。

報告が終わったら、おつりの入っているケース（レジ）の金額が売り上げと合っているか確認します。このとき、お金が多かったら大変。誰かお客様にご迷惑をかけていることになります。逆に、お金が足りなかったら自腹です。自分が損をするほうが、ずっと気が楽ですが、それでもどちらもすごく凹みます。

精算が済んだら、フクヤさんのレジでとくし丸を担当してくださっている人に、お金と「売上日報」「単品別売上日報」を渡します。自分でしっかり精算したつもりでも、間違いがあってご迷惑をお掛けしてしまうこともあります。

次は、その日にもらった別注の整理です。別注はお聞きした時点で別注用紙に記載していますので、それを確認しながら自分で店内をまわり、ピッキングできるものはして、できるだけ用意します。各部門にお願いしないといけないものについては、部門ごとに紙に書いてホワイトボードに貼り付けておきます。すると担当者がチェックして、指定された日に用意できるよう準備してくれます。

「単品別売上表」には、その日売れたものが商品別に並んで記載されています。生鮮食品以外の食品や雑貨については、その日売れたものの補充分をスーパーで当日の夜に準備してもらっていますが、商品数や内容を修正したい場合は、「単品別売上表」に書き込みを入れて担当者に渡します。

さて、あと少し。明日配達する別注品の積み込みです。すでに別注をいただいた日から用意を進めているので、ちゃんと揃っているかをもう一度チェックして、車に積み込みます。

最後に、車の清掃・消毒をして終了。でもこの作業は、ほとんど毎日、旦那さんが仕事帰りに立ち寄って済ませてくれるので、ずいぶん助かっています。

家に戻ったら、手を洗ってすぐにキッチンへ。夕食の支度をして夕食です。片付けは旦那さんがしてくれるので、私はその日の売り上げデータをノートに貼り付け、自分の手取り額を計算したり、かかった経費をパソコン入力したりします。そして、書けるときはブログも書きます。

これで今日の仕事は終わり。入浴、ストレッチをして就寝です。大体、寝るのは22時から23時の間といったところです。最初の頃は21時には寝てしまっていたので、少しは体が慣れてきたのかな？　とも、思います。

これが、月曜日から土曜日までの私の1日。日曜日はお休みです！

お盆休みの過ごしかた

とくし丸は個人事業なので、お休みは各個人で決めます。特にお盆やお正月の長期休みは毎年どうするか考え、何週間か前から「お休みのお知らせ」を配ってお伝えします。お客様にはご不便やご迷惑をおかけするのに、

「そりゃあ、お盆くらいは休まなな！」

と言っていただいたり、私が言うより先に、

「お盆はいつから休むん？　ちょっとゆっくりしたらええやん」

とお声掛けいただいたりします。ありがたいです。

もちろんゆっくりはしたいです。でも、こんなときだからこそしておきたい！　と思うことがたくさんあります。とくし丸の事務仕事や、なかなかできない細かい作業などなど。初めてのお盆休みで何よりもいちばんやりたかったのが、備品の洗浄でした。

毎日、冷蔵庫の中やお惣菜のコンテナは全部出して拭《ふ》き掃除&除菌しますし、買い物カゴや棚もきれいに拭いて除菌しているのですが、やっぱりこんなに時間に余裕があるときは水洗いがした～い！　そこで、全部お風呂場に集めて水洗い！

自宅のお風呂に山盛りになったコンテナやカゴは壮観です。決して楽な作業じゃないけれど、洗いながら、「あのお母さんとあんなお話ししたな」とか、「あっ、今度あれ積んでみようかな！」とか、仕事のことをあれこれ考えるのは結構楽しいものです。

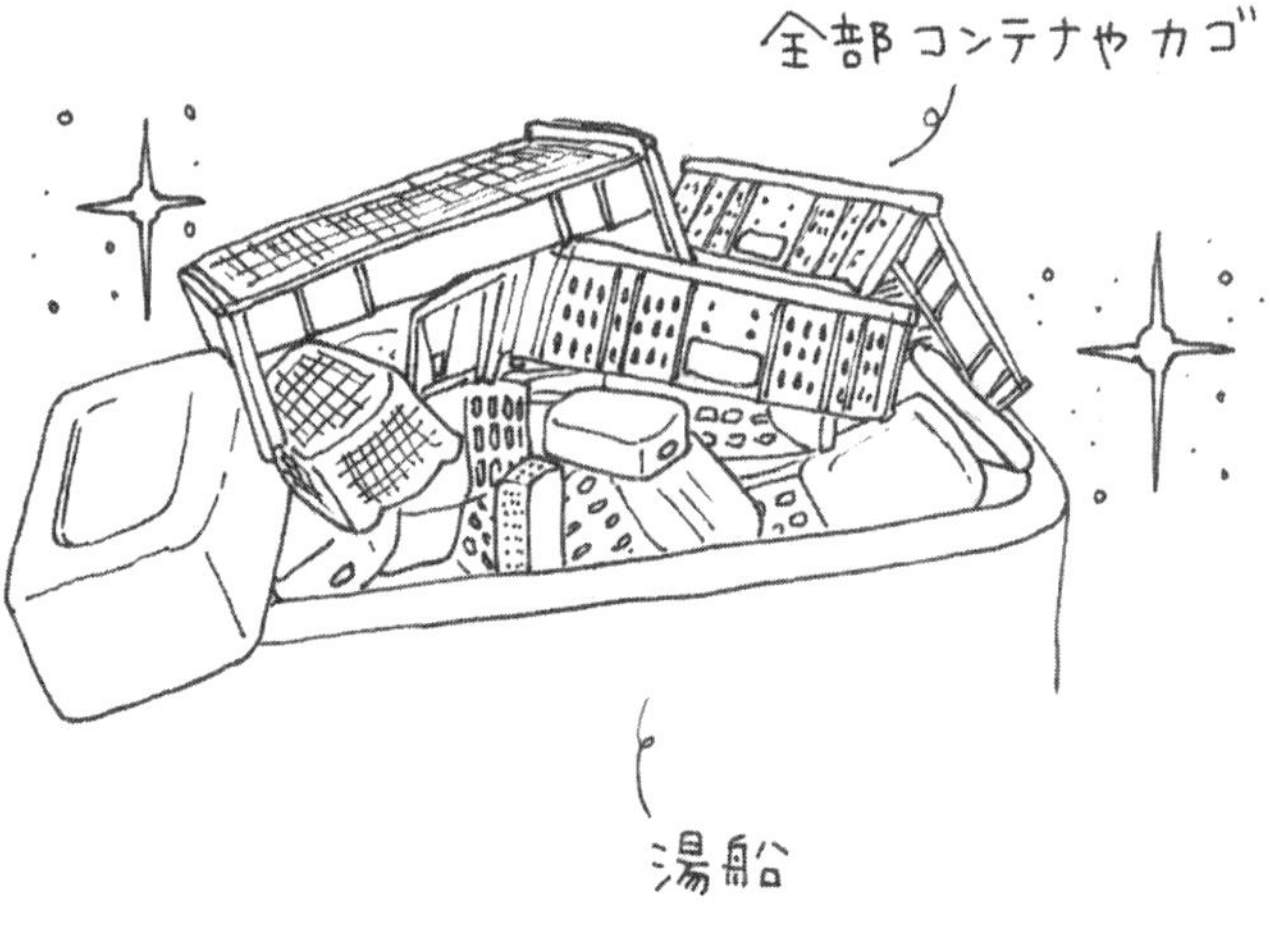
全部コンテナやカゴ
湯船

何日も休んだら勘や体が鈍ってしまいそうですが、商売道具をスッキリきれいにして、心機一転、気持ちよく販売できそうです。

とくしまるだいすき

お盆やお正月、ゴールデンウィークなどの大型連休になると、実家に帰って来られている息子さんや娘さんご家族と一緒にお買い物に来てくださるお客様もたくさんいらっしゃいます。

「いつもお世話になっています」

なんて、お互いにご挨拶し合ったりして（笑）。

以前、おばあちゃん家に遊びに来たときにお買い物に来てくれて、仲良くなった「のんちゃん」という女の子が、久しぶりにまた来てくれました。

初めて会った日に、とくし丸の音楽に合わせて手をつないで一緒にスキップしたのですが、それがすごくうれしかったみたいだと、後でおばあちゃんからお聞きしました。

それを聞いて私もすごくうれしかったので、今日も姿を見つけると駆《か》け寄って手をつないで一緒にスキップしました。

久しぶりに会ったのに、何の躊躇《ちゅうちょ》もなく一緒にスキップしてくれてうれしかったし、楽しかったです！

再会を喜ぶ私に、のんちゃんが「はい」と、手紙を渡してくれました。

色とりどりの色鉛筆を使って、

「とくしまるだいすき　ありがとう　のん」

とかわいく書いてあります。折り紙で折った銀色のネコも添えてあります。

「この子が初めて書いた手紙やし、ちゃんと書けとるかわからんよ」

と、おばあちゃんがおっしゃいましたが、その手紙を読んで、グッときた気持ちをこらえるのに必死でした。

「ありがとう、のんちゃん！　メチャクチャ字上手やなあ。すごいなあ！　おばちゃん、またひとつ宝物が増えたわ。ほんまにありがとうね」

おとなしいのんちゃんは、はにかみながらコクリとうなずいてくれました。

おばあちゃんのところに遊びに来たときしか会えないけど、ずっとずっとのんちゃ

のんちゃん
はい
としし
まみ
だいすき
ありがとう
のん
折り紙で作ったネコ

んのこと忘れへんよ！
また、一緒にスキップしよね、おばちゃんものんちゃんのこと大好きだよ！
ご近所の方が集まり、ご家族やご親戚の方が集まり、
そこでまた、輪が広がる。
そして、笑顔が広がる。
その笑顔の中にとくし丸がいられることを
またしみじみ幸せだと感じました。
♪笑顔もいかが～？
仲間が寄ってくる　とくし丸♪

井戸端会議

「あんた！　近所におるけどなかなか会わんな～。元気にしとるか？」

そんな会話が聞こえてきました。向こう三軒両隣のご近所さんたちです。近くに住んでいても、なかなか顔を会わすこともないそうです。

そんなご近所さんが「♪とく　とく　とーく　とくし丸」のテーマソングを聞いて、集まって来てくださいます。そこで、話にパア～ッと花が咲きます。

昔は、井戸の周りでみんなが集まって洗濯したりして、ご近所さん同士、井戸端会議が毎日のようにされていたと思います。でも、井戸なんてなくなり、みんなで集まる機会もぐっと減ってきているんじゃないでしょうか？

子供が小さい頃は、保育所の送り迎えや学校の行事などで集まる機会も多いですが、子供が大きくなるにつれて、そんな事もとんとなくなってしまいますものね。

「家に1人でおったら、誰ともしゃべらんし面白ないけど、ここに来たら、なんじゃかんじゃとみんなでしゃべって笑って楽しいわ～」

「私な、変なクセがついてしまったんや。今日は、そんな買い物もないなあ～思っとっても、この音楽聞いたら出てきてしまうクセや（笑）」

などと言い合って、みんなで笑います。とくし丸が買い物だけではなく、皆さんの社交場になっていることが本当にうれしいです。

「何にも買うもんなかっても、顔だけ見せにきてくださいね～」

そう、皆さんにお願いしています。

仲間が寄ってくるとくし丸。

おしゃべりが咲いて、笑顔があふれるとくし丸！

そんな幸せな時間と空間に感謝感謝です。

半分こ

こんなことがありました。バナナが残り2点になったとき、来られたお客様3人がバナナを欲しいとおっしゃいました。

「申し訳ありません」

本当に申し訳ないことです。でも、そこで……

「ええわ、私と半分こしよ！」

と、1人のお客様がもう1人のお客様にお声掛けされました。

「ええの？　じゃあ、そうしよか！」

と、その場で仲良くバナナを半分こ。

これがリンゴだったら、こうはいかなかったかもしれませんが、バナナだったので半分こ出来ました！

そしたら、今日もまた……。焼きそばを欲しいとおっしゃるお客様がお2人。焼きそばは1点（3袋入）。1人のお客様は、

「ええわ、ええわ。今日食べるんちゃうし、次に持ってきて！」

と言われたので、

「いいですか？（汗） じゃあ、次必ずお持ちしますね！」

と言うと、もう1人のお客様がおもむろに焼きそばのパッケージを開いて、

「うちは2人。あんたとこひとつでええんやろ？ ひとつあげよ」

と、1袋取り出して渡されました。

「ええの？ おおきに！」

バナナも焼きそばも、こちらの品切れが原因でご迷惑をおかけし、不平不満を言われても仕方ない状態ですが、お客様の優しさのおかげでハッピーな気持ちになりました。

どちらもなかなか、普通のお店では見られない光景だと思います。とくし丸ならではじゃないかなあ。やっぱり、とくし丸のお客様は素敵な方ばかりだなと、再確認した出来事でした。

とくし丸ってフクヤ？

「フクヤのポイントカード使える？」
「フクヤの商品券使えんの？」

と、よくお客様から質問されます。

答えから言うと、残念ながらどちらも使えません。とくし丸はフクヤさんが経営しているわけではないので、そこは別もんなのです。

でも、フクヤさんからのご厚意で、フクヤのロゴ入り買い物袋を使わせていただいたり、フクヤさんで加工し、パック詰めした肉・魚・野菜・惣菜などの商品にはフクヤの価格シールが貼ってあったりするわけですから、お客様からしたら、そりゃややこしいやろな、と思います。

私自身、フクヤさんの従業員ではなく、とくし丸5号車を経営している個人事業主ではありますが、ガッツリフクヤさんと関わり、ガッツリフクヤさんの従業員さんたちにお世話になっているので、微妙な立場だなあと戸惑うこともこれまで多々ありました。

積んでいるのはすべてフクヤさんの商品ですが、ポイントカードは使えないし、フクヤさんの広告に載っている商品も広告価格にはなりません。そのあたりの説明がとても難しいので、なかなかご理解いただけないときは、お客様をがっかりさせることになります。

「あんたもポイントカード作ったらどうや？」

と、お客様からご提案いただくこともあります。

私自身、どうしたらお客様に還元できるだろうと、考え考え、今も常に考え続けています。そこで、バレンタインやクリスマスなどにプレゼントをお渡ししたり、イベントを企画したりして、少しでも喜んでもらえるようにと工夫しています。

ポイントカードを発行することが将来的にできるかどうかわかりませんが、少しでも感謝の気持ちが伝えられるよう、日々模索していきたいです。

商売のバランス

商売なので、とくし丸5号車にも売り上げ目標というものがあります。開業当初の目標は、日販（1日の売り上げ）6万円でした。まだ一度も販売にまわっていないときは、どれだけ売れて、どれほどの売り上げになるのか、どれだけ売り上げがあれば生活していけるのか、まったく見当もつきませんでした。

例えば、販売数200点、売り上げが6万円だったとします。21ページで紹介したとおり、とくし丸の収入は歩合制です。6万円から「＋10円ルール」分の200点×10円を引いた金額の17%（＝9860円）と、「＋10円ルール」の半額（＝1000円）がその日の手取り額になります。計算すると、10860円が自分の取り分になります。

1日10860円というと結構多いように思いますが、そこから車のローンやガソリン代（私の担当地区は走行距離が長いので、夏場で6万、冬場で4万くらいかかります）と税金を差し引き、1日10時間～12時間働いているので、時給で考えるとちょっと辛いです。

山盛りの商品を積んで出発した初日の売り上げは52591円でした。次の日は、37422円。3日目は、53541円。4日目で目標を超え、77991円になりましたが、その後も横ばいだったり、下がったりで、なかなか思うように売り上げが上がりませんでした。

1日の売り上げは、毎日とくし丸本部にメールで報告します。すると夜8時半頃に、メールで全国の販売パートナーの売り上げ報告が一覧になって一斉送信されます。

売り上げが良かったからといってご褒美《ほうび》があるわけではなく、悪いからといってペナルティがあるわけでもありませんが、他の販売パートナーさんの売り上げがわかるというのは、自分を鼓舞《こぶ》するための良い刺激になります。ただ、まだ始めたばかりの私にとっては、落ち込んだり悩んだりするものでもありました。

今思えば、開業当初としては悪くない数字です。でも、メールで送られてくる先輩方の華々しい数字を見るとつい焦《あせ》ってしまって……。マネージャーさんに相談したり、弱音を吐いたり（笑）。そのときは、とにかく不安で、売り上げのことばかり気にしていたのだと思います。なんせ大借金をして始めているので、余裕がなかったのでしょうね。楽しいはずの販売が、そうでなくなりそうになっていました。

いろんな人たちのアドバイスを受けているうちに、何が何だか、自分が何をやっているのかわからなくなっていきました。

ゴルフの打ちっぱなし場に行くと、周りの方が良かれと思って指南してくださいますが、あっち聞き、こっち聞きしていると、フォームがぐちゃぐちゃになって自分のスウィングが出来なくなってしまったことを思い出しました。

アカン！

こんなん、私らしくない！

スウィングだって、人それぞれ。

いろんなフォームやいろんなクラブがあって、そのなかから自分にあったのを見つければいいい！

人は人。自分は自分らしく、楽しくやろう！

そう思ってからは、売り上げは二の次にすることにしました。売り上げ報告はしばらくの間、自分の売り上げがよかった日しか見ないようにして、お客様と楽しく過ごすことだけ考えるようにしました。

自分がまず楽しむ！　そうしたら自然と、お客様との距離が縮まったような気がします。そのうち、お客様がお知り合いを呼んでくださったり、施設の方にもご紹介いただいたりするようになりました。お客様がちょっとずつ増えてきて、それに伴って売り上げも少しずつ上がってきました。

あの悩んでいた当時に比べたら売り上げも多くなり、現在は安定してきています。この状態があるのは、何よりもお客様のおかげだし、サポートしてくださるフクヤの従業員さん、業者さんあってのものだと思っています。そして、陰で支えてくれる家族。

慢心しないで、感謝の気持ちを忘れずに、これからも私らしくやっていこうと思います。

そくび

とくし丸で週に4回、伊根を2コースまわらせていただくようになって、伊根には舟屋や海だけでなく、魅力的な場所がたくさんあることを知りました。そして住んでいる人も、みなさん魅力的な人ばかり！　パワーが溢《あふ》れています。これはきっと、魚パワーに違いない！　と思っています（笑）。

音楽が聞こえると、あちらこちらからお客様が集まってくださって、ワーワーワーワーと、それはもう賑《にぎ》やか！　お客様同士の会話を聞いていると方言満載で、下手な漫才師よりも絶対面白いで〜って、思ってしまいます。

「財布見んと持ってきたけど、大蔵省は大丈夫かなぁ〜。○○ちゃん！　足りなんだらちょっと親方してぇな！」

とか、

「夏場のハマグリや。見ぃくさって、買いくさらん！」

とか、初めて聞くような言葉だらけ。

「あんたが来る日はいっつも晴れるなあ。あんたの『そくび』がええでやなあ」

そ、そくび？　そくびって何ですか⁉　なんとなく、褒《ほ》められてるような感じはするけど……。

「そくびがええってどういうこと？　日頃の行いがええっていうこと？」

「うん、まぁそういう意味だろうな！　知らんわ。昔からそう言うわや」

「そくびって、どんな漢字書くの？」

「さあな〜、どういう漢字書くんかな〜。漢字は知らんな〜（笑）」

ふぅ〜ん。でも、それからそのフレーズがとても気に入っているんです。自称「晴れ女」の私は、それ以降晴れた日には、

「今日もメッチャええ天気ですね！　私のそくびがええからしいです！」

と、自慢気《じまんげ》に言っています（笑）。

みんな優しいので、そんな私の戯言《たわごと》に、

「ほんまやな〜。そくびがええんやな〜」

と、笑って聞いてくれます。

方言っていいな。

車でほんの20分ほどの距離ですが、使う言葉がこんなに違うんだなあと驚きます。

舟屋・海の幸・山の幸などなど伊根には魅力がたくさんありますが、地元の方とのふれあいで、旅がもっともっと楽しくなること間違いなし！ですよ！

味があるねぇ

丹後で生まれ、丹後に住んで長い私ですが、地元周辺の言葉なのに知らないことがまだまだあるもんです。

〈さんにょう〉

お客様「ほんなら、さんにょうしてくれ！」

私「えっ？　さんよう？　さんようってなんですか？」

お客様「さんようちゃう（笑）。さんにょうや」

さんにょう＝お会計のことです。漢字はどう書くの？　と聞いてみるのですが、みんな漢字はわからんらしいです（笑）。

〈つつみ餅《もち》〉

お客様「この前あったつつみ餅、今日もあるか？」

私「つつみ餅？　つつみ餅なんてあったかな？（焦）」

お客様「あるやん！　ここにつつみ餅！」

つつみ餅は大福餅のことでした。ビックリして伊根の人に何人か聞いてみたら、みんなつつみ餅と言うそうです。

〈さなぼり〉

お客様「今日はさなぼりだで、あんころ餅と巻きずしもらおうかな」
私「さなぼりってなんですか？」
お客様「あんた、田舎の子やのにさなぼり知らんの!?」
はい……お恥ずかしながら初耳です……。聞くと、田植えが済んだ後のお疲れさん会のようなものをさなぼりというそうです。

〈さいみそ〉
お客様「さいみそちょうだい」
私「さいみそ？　さいみそは、なんでしたっけ？（焦）」
お客様「あれやん！　ごはんとかにのせて食べる……ほら」
私「あっ！　もろみのことですか？（もろみを差し出す）」
お客様「そうそう！　これこれ！　さいみそ言わへんか？」
はい……さいみそは初めて聞きました。

まだまだあるのですが、印象深いのを紹介してみました。

使う言葉に味がある。そして、それを使う人にも味がある。ちょっと私も味ある人に憧《あこが》れて、

「以上ですか？　さんにょうさせてもらいますよ♪」

にわか仕込みでまだまだ板につきませんが（笑）。

とくし丸あるある

どんな商売でも、その仕事をしている人にしかわからない「あるある！」があると思いますが、「とくし丸あるある」をまとめてみました。

① 今日は○○の日
やたらとホウレン草ばっかりお買い求めいただく日、そんな日があります。

それが、例えば「えごま油」や「米油」のようにTVなどのメディアで特集されたものならわかるのですが、メディアとはまったく関係なくて、「トイレットペーパー」や「ウインナー」だったりもします。

みなさん、事前に打ち合わせされてます？　それならそうと、教えてください

よ〜って、言いたくなりますね（笑）。

②「今日はこれ積んで行こうかな」もしくは「今日はこれ多めに積んで行こうかな」という日に限って出ない！

逆に「今日はこれやめとこうかな」もしくは「今日はこれ減らそうかな」という日に限って出る！　出る！　出る！

単に読みが外れてるって言われたら終わりなんですけどね……。

③同じようなことですが、ずっと積んでいたけどなかなか売れず、降ろしたものがその日に限って「○○ある？」と言われる。こうなると、自分の不運を嘆きたくなります。

④同じく同じようなことですが、「あっ！　あれ積んどこ！」と思っていて積み忘れてしまったものを、その日に「○○ある？」と言われる。こうなると、もう自分の不甲斐《ふがい》なさが情けなくなります。

⑤補充すると出ない！

コースによっては、途中で店に寄って補充できるのですが、「足りなくなるかもしれないから、補充しておこう！」と思うとまったく出ません。こういう場合、逆をついて補充しないでいると……出るんです。

商いの神様に遊ばれているのかと思います（笑）。

いずれにしても、商売はそんなに上手くはいかないってことでしょうか？　そんなことばっかりの中で、たまに思い通りになるとメチャクチャうれしくなるんです♪

だから、「商《あきな》い」は「飽《あ》きない」だと言われるのかもしれませんね。

まだまだ、これからもガッカリしたり喜んだり、そんな刺激的な毎日を楽しみながら、そして、もちろんお客様にはガッカリされず、喜んでもらえるよう飽きない商いをしていきたいものです。

第4章

どんどん拡がれ、とくし丸！

私が先生？

とくし事業部のマネージャーさんから、電話がありました。

「再来週の水曜日、今度開業される方を乗せて販売にまわってください」

「えっ！　私が……ですか？（汗）」

「はい。ずっと東舞鶴《ひがしまいづる》のほうで研修してもらってたんですが、違うコースにも乗ってもらいたいので」

確かに、私も開業前には、3号車の沖さんと、2号車のMさんにずいぶんお世話になりました。たくさん、たくさん教えていただきました。私にも、いつかそんな日が来るだろうなとも思っていました。でも、でもね、まだつい最近、開業したばかりですよ！　こんな未熟者の私が先生の立場になるなんて……。

抵抗がなかったとは言えませんが、こんな私でもお力になれるならと、お引き受けをいたしました。

初めてお会いしたその男性は、とても穏やかでていねいな、声のきれいな人でした。私が言うより先に気付いて、ぱぱっと動かれるし、気配り・目配り・心配りがばっちり出来ます。もちろん、こんな私が教えられることなど何ひとつなく（笑）、逆に助けてもらうばかりで、今日はとても楽をさせていただき、勉強させていただきました。

行く先々で、

「今日は旦那さんも一緒か？」

と聞かれ、事情を説明し、

「私のほうが勉強中やのにねえ～」

と言うと、

「ほんまや。私らぁが教えとるのになあ（笑）」

とお客様に返され、みんなで大笑いしました。

いやあ、とにもかくにもお疲れ様でした！　宮木さん、開業までにお疲れを出されないよう、頑張ってください！

これで、北近畿で6台目のとくし丸が稼働します。もっと、もっとたくさんの販売パートナーさんが増えて、もっともっとたくさんのお客様のもとに行けるようになるといいなと思います。

50台突破！

2015年5月にとくし丸が全国で50台を突破した記念に、とくし丸本部がステッカーを作り、販売パートナーにも配布されました。

とくし丸は、「トラックの絵もかわいい、音楽も楽しい」とご好評いただいていますが、特にお子様に大人気！　そこで、日頃からとくし丸を応援してくれているお子様たちにステッカーをプレゼントすることにしました。

ちびっ子たち、みんなとても喜んでくれました。どこに貼ってくれるのかな？　ステッカーの事をフェイスブックに載せたところ、友人・知人からも「欲しい！」と言ってもらったので、配ってまわりました。そしたら、「バイクに貼ったでぇ〜」とか、「お店の前に貼ったよ」とか、みんな思い思いの場所に貼ってくれたようです。

それにしても、これだけ短期間にとくし丸が全国に拡《ひろ》がっているのには、とくし丸の住友社長が考えられた素晴らしいビジネス形態や、こういった記念ステッカーなどの商売以外の取り組みに賛同される方が多いからだと思います。

とくし丸には、「おばあちゃんのコンシェルジュ」という、別の肩書があります。

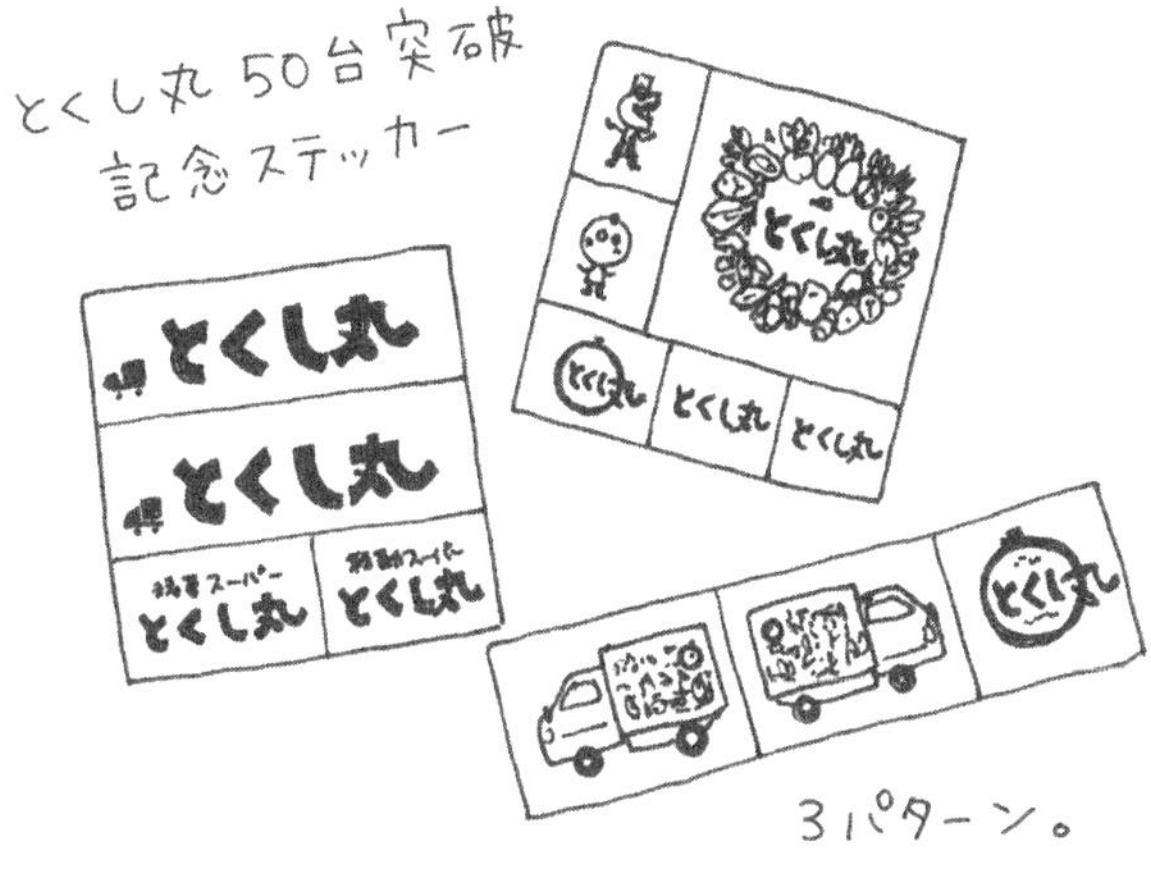
とくし丸50台突破
記念ステッカー
とくし丸
とくし丸
移動スーパー
とくし丸
とくし丸
3パターン。

コンシェルジュは「よろず承《うけたまわ》り係」という意味です。全国にとくし丸が増えるということは、「おばあちゃんのよろず承り係」が増えるということです。

世の中には、お年寄りを狙った犯罪が後を絶ちませんが、私たち「コンシェルジュ」が、それに対抗し、少しでも不安の少ない、住みやすい生活のお手伝いができたらなと、微力ながら思っています。

見守り活動

週に2回、お客様にお会いしていると、顔色や健康状態などの変化がとてもよくわかります。とくし丸では見守り活動も業務の一環と考えて、販売にまわっています。

お客様にはひとり暮らしのおばあちゃん、おじいちゃんも大勢おられます。気になったことがあれば、地域の包括支援センターのケアマネージャーさんに連絡したり、連絡先を教えていただいているご家族にお伝えしたりしています。

例えば、

「今日、販売に行かせていただきましたが、玄関のカギは開いているのに何度呼んでも返事がありません。近くを探してみましたが、見当たりません。どこかにお出掛けなのかもわかりませんが、万が一ということもありますので、一度ご確認ください。よろしくお願いします」

と包括支援センターにメールをしておくとか、

「今日、お伺いしましたが、血圧が下がらずしんどいとおっしゃっておられました。心配ですので、出来ましたら様子をみてあげていただけませんか？」

と、ご家族に伝えます。

「このところ寒い日が続きますが、上着も着られず、襟元《えりもと》が開いていてとても寒そうな格好で来られています。『上着を着てきてくださいね』と、言うのですが、『上着がない』とおっしゃられます。今度、ヘルパーさんが入られたときに、上着を用意していただき、玄関にでも置いてもらうことは出来ませんでしょうか？」

などという内容のときもあります。

ご家族と離れて暮らしていらっしゃる場合でも、可能であれば連絡を取り合って、安心していただけるよう少しでもお役に立てたらと思っています。

逆に、ヘルパーさんやケアマネージャーさんからお問い合わせや依頼をいただくこともあります。

「〇〇さん、いつもどんなものを買われていますか？」

「〇〇さんに『たばこ買ってきて』とか頼まれませんか？　じつは禁煙を勧めているので、欲しいといわれても、上手に断ってください」

といったものや、ヘルパーさんからお客様用のご注文をいただいたりもします。

少しずつですが、つながりが広く強くなっているなと感じます。介護施設などでの販売にも入らせてもらっているので、そこで親しくなった職員さんやケアマネージャーさんから、お買い物にお困りの方をご紹介いただくことも増えました。その際には、健康状態や家族構成などを書面で頂戴することもあります。

以前、デイサービスで7年ほど働いていたので、そんなときはとくし丸の販売員ではなく、介護職の感覚に戻っています。販売だけではなく、一歩踏み込んだお話を聞くことが最近増え、これも信頼の証かとありがたい反面、責任の重大さに身の引き締まる思いがします。

今まで、知らずに通っていた1軒1軒のおうちにそれぞれの人生があり、それぞれのドラマがあることを改めて感じます。

いつも元気で明るい方でも、やっぱり悩みはあります。ときには、販売そっちのけで、そういうお話を聞くこともあります。

もちろん、「聞いて出来るだけのことはしたい!」と思っても、出来ることは限られ、制限もあり、微力さを痛感するのですが、もしかしたら、話すこと・聞くことで落ち着くこともあるかなと思います。

たくさんご苦労をされ、我慢もされ、一生懸命に生きてこられた人生の大先輩の皆様にいっぱい楽しい思いをしてほしい!

美味しいものをいっぱい食べてほしい!

そう願うばかりです。

週に2回、たった10分ちょっとの時間ですが、皆様とお出会いできる時間を大切にし、販売だけではないつながりを大切に……。そう強く思っています。

応援団

「ちょっと見て!　うちの旦那がこんなん作って玄関に貼っとるんやで(笑)」

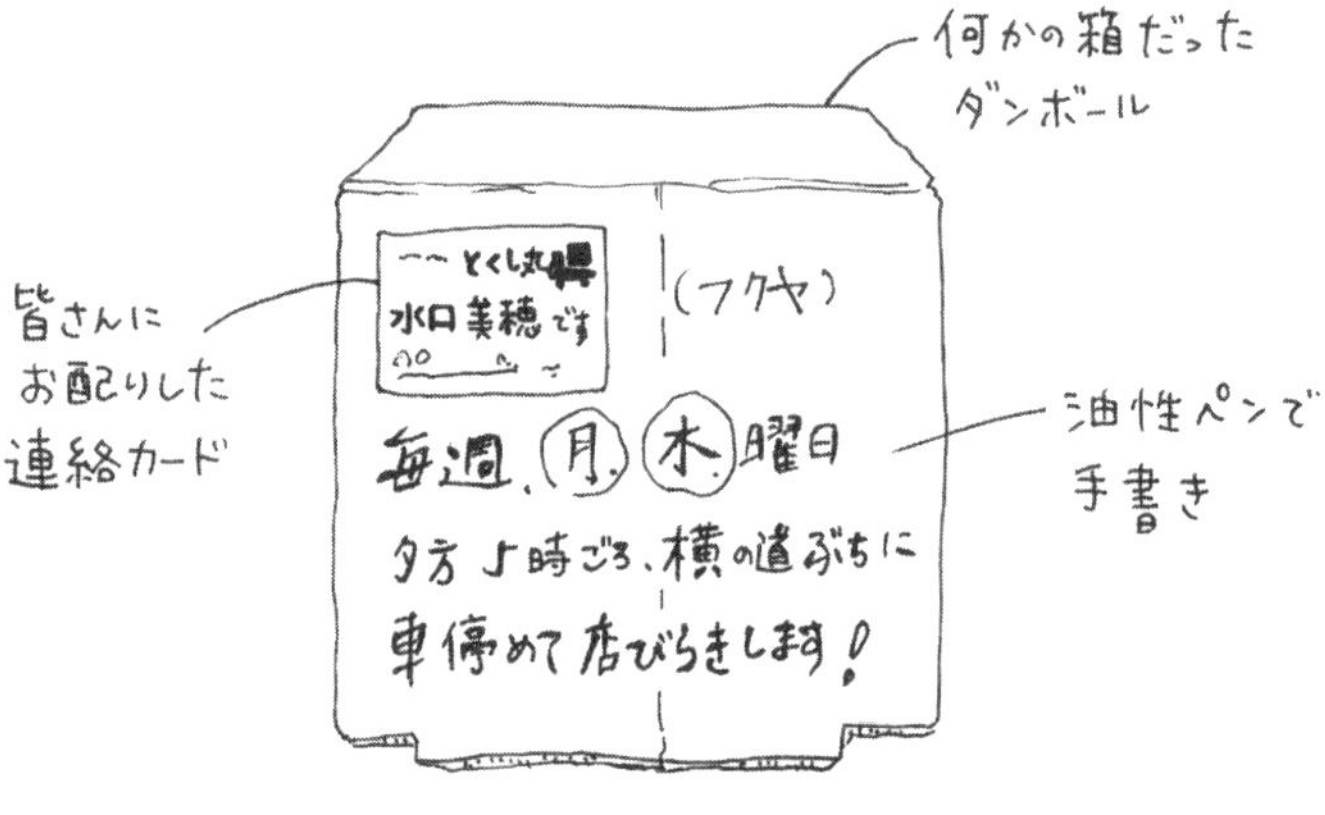
何かの箱だった
ダンボール
とくし丸
水口美穂です
(フクヤ)
皆さんに
お配りした
連絡カード
毎週、月、木曜日
夕方5時ごろ、横の道ぶちに
車停めて店びらきします!
油性ペンで
手書き

と、お客様が見せてくださいました。

「うちに来た人が見てくれるように！　って、作って玄関に貼っとるんや。笑えるやろ？」

いやいや、全然笑えません！

ほんまにありがたいことです！

こんなふうにして、知らず知らずのうちに人が人を呼んでくださるんだなあと、つくづく実感しました。こうやってＰＯＰまで作ってくださらずとも、ご近所さんやお友達に紹介してくださったりして、口づてにどんどんお客様が増えていくのは本当に、いちばんうれしいことです。

視察

２０１５年10月、「第1回とくし丸全国ミーティング」が徳島県で開催され、全国25都道府県、36社のスーパーから50人以上のとくし丸関係者の方が集結し、事例発表が行われ、情報交換がなされました。この時点ですでに、全国で77台のとくし丸が稼働していました。

その延長で東京のスーパー「よしや」の田中さんと、「ブルーチップ」という会社の濱田《はまだ》さんが丹後に視察に来られました。フクヤさんと提携しているとくし丸の各号車を見学されたのです。

「初めまして！」

なのですが、初めてお会いした感じを受けないほど、親しみを感じるおふたりでした。私のお店に集まってくださるお客様にも気さくにお声掛けされ、すぐに馴染《なじ》まれている様子は、さすがだなあと、感心してしまいました。

なかなか、全国の販売パートナーさんやスーパーの方とお会いすることは出来ませんが、離れていても、出会ったことがなくても、全国のとくし丸販売パートナーさんや全国のスーパーのとくし事業部の方、そしてとくし丸本部の方とつながっていて、みんなで一緒に前に進んでいるような一体感があります。それは、とくし丸本部から毎晩メールが送られてくることや、掲示板などで情報を共有していることが大きいと思います。

メールという文明の利器をうまく使って、仲間意識を高め、切磋琢磨《せっさたくま》する機会を与えてもらっているように思います。そのおかげで、お会いしたことがなくてもお名前を覚えている販売パートナーさんがたくさんいます。そして、そこからSNSを通じてつながり、刺激しあう仲間も出来ました。

最初につながったのは、掲示板で質問したことに答えてくださった徳島のキョーエイというスーパーの森さんです。森さんは初期のほうにとくし丸を始められた大先輩で、休みの日もほとんどとくし丸に費やすほど仕事熱心で向上心が強く、几帳面で、商品の陳列はピカ一美しい！　極めすぎて、自分仕様に棚も改造されたほど！　いつもアドバイスや励ましをいただいています。

それぞれが個人事業主なのに、こんなふうに支えられたり支えたり、競いあったりしながら毎日を頑張れるのは、とくし丸の良さのひとつだと思います。

資源マップ

とくし丸が50台を突破した記念に作られたステッカーをちびっ子たちに配っていた際、あるちびっ子のお母様で伊根町の地域包括支援センターにお勤めされている方から、こんなご連絡をいただきました。

「保健センターの取り組みで、伊根町のお年寄りが集まって、『資源マップ』というものを作ろうと思っています。お年寄りの方からお話を聞いていたら、あまりにとくし丸さんが伊根のあちこちに浸透していて、認知度が高いのでビックリしています。できれば資源マップにとくし丸さんのステッカーを使わせていただきたいので、1枚もらえませんか？」

まだ走り出して2カ月経ったばかりの頃でしたし、そんなに知ってもらえているなんて、とてもうれしいお言葉でした。もちろん、地域の取り組みに協力させてもらえるならと喜んでステッカーをお渡ししました。

それから半年くらい経って、そのお母様から資源マップを見せてもらうことができました。

伊根町の地図に、お年寄りの方々が関わる施設や民生委員さんのお名前などを記載したマップですが、そこにとくし丸の車の絵が何台も貼ってあります。お年寄りの皆さんが自ら貼ってくださったそうです。マップを作りながら、いろんな人からとくし丸の話が出たと教えてくださいました。

そのマップに、お年寄りからの要望がメモに書かれたものも貼り付けてあって、そのなかに「亀島にもとくし丸が来てほしい」と書いてありました。

とてもありがたく、今では、亀島地区にも行かせていただいています！

伊根は範囲が広いので、まだまだ行けていない地区もありますが、もっともっと要領がよくなって、もっともっとたくさんの地区の皆様にお会いできるようにならないといけないな！　と、改めて気合いが入りました。

お隣さん

私がまわっている地域では、私がとくし丸を始める以前から、さまざまな移動販売車が入っています。

とくし丸と同じような移動販売車だったり、果物・野菜売り車だったり、魚売りの車、パン屋さん、布団屋さん、洋服屋さん……。

同じタイミングで同じ場所で店開きするときもあります。そんなときは、お客様も気まずそうなお顔になります。変な空気にもなります。

確かに、私自身も「気にならない」と言うと嘘になります（笑）。でも、お客様にとってはとてもよいことだと思うんです。

車を運転して、好きな所に買い物に行けるなら、どのお店にしようか、自分で選択できます。でも、近くにお店がなくて、自分で運転して買い物に行けない方にとって、移動販売車がたくさんやって来るということは、それだけ選択肢が増えるということ。

とくし丸も、新鮮で良いものを選んで積み込んでいますが、価格だったり、産地だったり、種類だったり、量だったりを比較して、お客様が欲しいものを買うことが出来るなら、それはそれで、いいと思うんです。気兼《きが》ねなく、比べてお買い物していただいたらいいと思うんです。

お客様が満足して、喜んでいただくのがいちばん！

とくし丸も、お客様に喜んでもらえるように、ますます積み込みに気合いを入れよう！　って思います。

最近では、よく隣同士になる方と顔馴染みになって、手を振る仲になりましたよ（笑）。もっともっとお客様のお買い物が充実するように、お隣さんと一緒に頑張りましょう！

義父

開業して初めての年末年始を迎えようとしていた12月27日の深夜に、同居していた義父が亡くなりました。大腸癌《がん》でした。

ひとしきり悲しみにくれた後、いやが応でも現実に戻らなければなりませんでした。年末は、お正月準備のための別注をたくさんいただいているのです。すぐに葬儀屋さんに連絡を取り、その後の段取りを決めないといけません。

お客様にご迷惑をおかけすることはできない。

家のことを放っておくこともできない。

でも、すぐに判断をくださないと先に進めない。

困り果てて、夜中にもかかわらず、フクヤさんのとくし事業部マネージャーさんにメールしました。

もし寝ておられても、起きられてからでよいと思っていました。そうしたら、ほどなく連絡をくださって、相談にのっていただきました。

マネージャーさんは、自分が全部まわって、私の代わりに通常どおり販売すると言ってくださいました。でも私は、別注の予約分の販売だけになってもいいから、自分でまわりたいと言いました。

こういうときのために、マネージャーさんには私が担当している各コースの名簿を作って渡していましたし、少し前に全コースを一緒にまわって、お客様の雰囲気などもある程度把握《はあく》してくださっていました。だから、任せることも出来ました。

予約以外の商品も当日買えるはずだと、お客様も思っていらしたはずです。だからマネージャーさんにお任せしたほうが良かったのかもしれません。でも、年末年始のたくさんのご予約を、責任を持って自分でまわりたい！　という気持ちが強かったのです。

結局、マネージャーさんは私の思いを尊重してくださって、それに向けてのサポートを全力でしてくださいました。

私とフクヤさんの本部で手分けして、お客様にご連絡しました。大勢のお客様が集まる地区では、事前にお願いしていた自治会長さんに連絡し、各戸放送していただいたりしました。

お客様1人にだけお電話して、ご近所の方にお伝えくださいとお願いしたところもありました。皆さん、ご理解いただき、快く引き受けてくださるだけでなく、心から私のことを気遣うお言葉を掛けてくださいました。

たくさんのご協力の元、無事に通夜が始まる前にその日の予約分を配り終え、次の日は葬儀の後にその日の予約分を配ることが出来ました。

配達時、スーパーでの積み込みをマネージャーさんにお手伝いいただき、運転も「疲れているだろうから」と代わってくださいました。

研修でお世話になった3号車の沖さんが、お忙しい暮れの最中に行われた通夜だというのに、仕事を抜けて参列してくださいました。穏やかなそのお顔を見た瞬間、涙があふれ出しました。葬儀では兄弟や親せきが、私が少しでも寝られるようにと気遣ってくれました。大晦日《おおみそか》には旦那さんが、自分も相当疲れているはずなのに積み込みから販売まで手伝ってくれました。

本当にたくさんの方々に助けてもらって、なんとかかんとか年末のご予約分をお届けすることが出来ました。

私の仕事の都合で通夜の時間を早めたり、私の思いで、ご注文のみの販売になってしまったことは、今、落ち着き、冷静になって考えてみると間違っていたのかもしれません。

こういう場面にいつどんなときにぶつかっても、冷静にキチンと対応できるように、もっと考えて備《そな》えておかないといけないな、と反省しました。

そして、ピンチにさっと対応してくださる周囲の皆様に日々、出来ることでお返ししていかなきゃな、と改めて思いました。

通販が大好きだった義父。でも、私がとくし丸を始めてからは、目で見て、自分でその場でお金を払って買い物をする楽しみを感じてくれました。

あまり外に出ない義父が、とくし丸の音楽を聞くとうれしそうに出てきてくれて、近所のお友達と一緒に話しながら買い物してくれたことはいい思い出です。

口では言わなくても、応援してくれていて、病を患《わずら》いながらも、私に迷惑かけまいと最後の最後まで出来る限り、自分の力で生きようと頑張ってくれました。

そんな義父が、空でずっと見守ってくれている。応援してくれている。

たくさんの優しさに囲まれ、私は頑張っているのではなく「頑張らせてもらっている」のだということに気付いた年の瀬でした。

父

義父の死からたった２カ月半後の２０１６年３月14日、私の最愛の父が天国に逝《い》きました。

じつは、「とくし丸をやってみないか」と友人から勧められたのとちょうど同じ時期に、義父が大腸癌のステージ４と診断され、さらに１カ月後、父が胃癌のステージ４と宣告されていたのです。ステージは癌の進行度を表していて、４はもっとも進行した段階です。

父親２人が同時に癌なんて……。しかも、末期の……。もう、何がなんだかわかりませんでした。『私がなにか悪いことをしたのか？　そのせいなのか？』と、自分に問いかけ、自分が今までしてきた悪いことを神様に懺悔《ざんげ》したりもしました。でも、私が落ち込んでいたら、もっともっと父たちが辛いと思い、少しでも楽しく元気になる話をしたくて、自分のなかであきらめかけていたとくし丸の話を父にしたのです。

「ええんちゃうか。美穂に合っとると思うで」

と、思いがけず背中を押されました。

母は車を運転出来ません。もし、父がいなくなったら、買い物に困ることは間違いありません。でも私がとくし丸をやっていれば、買い物の心配はしなくても大丈夫です。それに、とくし丸を始めて私が一生懸命頑張る姿を、父に見せたいとも思いました。何より、父を失ったときのことを考えると、私自身が没頭《ぼっとう》出来るものが欲しかった。父との時間には、期限が付けられました。その限りある時間、ずっとそばで寄り添う選択肢もありました。付きっきりで思い残しのないくらい、一緒に時間を共にするのです。でも、父の性分《しょうぶん》からも私の性分からも、その選択は違う気がしました。私が一生懸命頑張る姿を見せることで、父に励みにして欲しかった。もちろん、最初はそれが正しいことなのかどうかはわかりませんでした。

でも、夢中で走り出した私を、父は思った以上に喜び、応援してくれました。ときには、商売のアドバイスもしてくれたり、私が仕事の話をするのを、

「そうか。そうか」

と、楽しそうに聞いてくれました。

とくし丸で、買い物もしてくれました。フクヤさんで積み込みをしているときも、

「美穂！」

と声を掛け、顔を見せに来てくれました。そんなときの父は、何とも言えない優しい笑顔でした。

そして、思いがけず良かったことは、とくし丸を通じて、父のお客様に出会えたことです。

父は理容師でした。ハサミを持って、約半世紀。私はとくし丸として行く先々で、知らず知らずに父のお客様とつながっていました。

「わしは、あんたのお父さんにしか髪の毛切ってもらったことないで。これから誰に切ってもらったらええんや」

とか、

「うちの子は、生まれたときからあんたんとこの散髪屋しか行ったことないんやで。車で1時間半の場所に引っ越したけど、あんたんとこまで行っとるんやで〜」

とか、ありがたいお話ばかり聞きました。ああ、お父さんはこんなにもお客様に愛されていたんだ、と改めて知ることが出来ました。

父が亡くなる前日、ずっと何十年も父が髪を切り続けていたお客様が来られました。父に髪を切ってもらえるのを待っていたけど、もう我慢の限界だと、母（母も理容師です）が切らせてもらうことになったのです。

母は、散髪を始める前に、もうすでに薬で意識がおぼろな父に、

「お父さん、〇〇さんは何番のハサミやったかいな？」

と聞きました。母はわかっていたのに聞いたのです。すると、虚《うつ》ろだった父の目が急にパッと鋭くなり、

「〇番のハサミを使って、ここはちょっとセニング入れて、ここはあんまり切らないように……」

と、テキパキ母に指示しました。

それは、まさに職人。プロの目でした。

ああ、お父さんは、最後まで散髪屋だなあ……。

最後の最後まで格好いいなあ。そう、感心させられました。

父が、一度だけ言ったことがあります。

「お父さんな、美穂が『とくし丸やりたい！』って言うたとき、美穂に合うなって思って、簡単に『やったらええやん』って言うたけど、始めてみると、ほんまに過酷《かこく》で大変な仕事やなあと思って……。軽率やったかなあって、ちょっと気にしとったん

や」

「何言うとるん！　メッチャ楽しいで！　メッチャやりがいあるし、全然そんなん思わんといて！　なあ、お父さん、私イキイキしとらへん？」

「うん、そう思っとる。楽しそうやし、美穂に向いとる思う」

「そうやろ！　だから、心配せんといて！」

私は、今、やっぱりこの選択は間違っていなかったと、思っています。

癌の告知を受けても、出来る限り仕事し、畑をし、旅行し、美味しいものを食べまくり、つねに前向きに最期《さいご》まで生き抜いた父でした。

仕事に真剣に取り組み、決して妥協をしなかった父に負けないように。

とくし丸を応援してくれた父が、心配しないように。

お客様を大切にし、お客様から愛された父に恥じないように。

私も、真面目に一生懸命仕事していきたいと思っています。

父を愛してくださったすべての方に心より感謝し、これからは、精一杯恩返しができるよう頑張ります。

「お父さん、ありがとう。

私、お父さんの娘で本当によかった。
これからも、ずっと見守っていてね」

初めての確定申告

両親や弟が自営業なので、確定申告という言葉はこれまで何度も耳にしていたはずだし、身近なものでした。「経費で落とす」というセリフもよく聞いていました。でも、実際に自分が確定申告をする日がくるとは、思いもしませんでした。

「数字が苦手」「整理が苦手」「管理が苦手」「どんぶり勘定」

こんな私が申告なんてできるだろうか……。最初から苦手意識に押しつぶされそうでした。

お給料ではないですが、フクヤさんから1カ月ごとに報酬《ほうしゅう》として入り、明細もいただくので収入は明瞭《めいりょう》です。支出も基本的にはガソリン代など、車に掛かる経費がほとんど。後は、諸々の保険料や携帯代、備品費やイベントなどに掛かる販売促進費などで、毎日いるものではなく、計算はそんなに大変ではないはずなのですが、やはり今までサラリーをいただいていた身。全部会社が計算して差し引きした金額をいただいていた会社員やパート時代の楽さが、今になってわかりました。

税理士さんを頼むほどではありませんが、1人では心細いし、途中で心折れそうです。

そこで、商工会議所に加入し、確定申告のサポートをしてもらうことにしました。

具体的には、「記帳指導」です。

① 会計ソフトについての説明と導入のサポート

会計ソフトを導入すると、特別控除65万円が受けられる青色申告がしやすいうえに、帳簿が整理しやすい（自動計算、修正しやすい等）とのことで、導入のサポートをしてもらいました。

② 記帳についての指導

経費の考え方や、「この経費はこの勘定科目《かんじょう》に入れる」など経理の基礎的な指導や、仕訳《しわけ》の入力ミス等について修正指導、確定申告書の確認などを、とても親切にしてくださいました。

おかげでなんとか、初めての確定申告を乗り切ることができました！　来年も再来年も、引き続きご指導をよろしくお願いいたします。

おかげさまで1周年

4月1日でとくし丸5号車、おかげさまで開業1周年！　なので、お客様にささやかなプレゼント（飴《あめ》）とメッセージをお渡ししました。

4月1日で1周年を迎えました。あっという間で、とても充実した1年間でした。心身ともに未熟な私ですが、この1年間体調を崩して休んだ日は1度もなく、休みたい……と、思った日も1度もありませんでした。毎日毎日、皆様にお会いするのがただただ楽しみでした。これも、ひとえに皆様のおかげだと、感謝の気持ちでいっぱいです。

皆様のことが本当に大切で愛おしくて大好きです♡

1年経《た》ったとはいえ、まだまだ未熟者で、たくさん皆様にご迷惑おかけすることがあるかとは思いますが、今後とも「とくし丸」を、そして水口美穂をよろしくお願いいたします。大切な大切な皆様、どうかどうかお体大切に、また1年一緒に、いっぱい笑って楽しい時間を過ごしていただきますよう、心からお願い申し上げます。

日々の感謝をこれぐらいのことでしか返せないのが、本当に歯がゆく申し訳ない思いでしたが、皆さん本当に喜んでくださいました。帰ってから私のメッセージを読んで、

「とってもとっても温かいメッセージをありがとうね。今、あめ玉を口にひとつ　心が和《なご》みます。うちでは『とくちゃん』の愛称ですよ」

「1周年おめでとう。いつも素敵な笑顔を届けてくれてありがとう！」

とメールをくださったお客様や、

「想い出せば1年前でした。私も大変助かっています」

と書かれた手紙に「娘さんとどうぞ」と手作りのキューピーちゃんのストラップを2つ添えてくださったお客様、

「あんたが、いっつもこんな想いで来とったんか……って思ったら、思いが伝わって来て、泣けてきたわ〜」

と涙を流してくださるお母さんもおられ、一緒に抱き合って泣きました。

私は、本当に幸せ者だと思います。

地域の宝物

ひなたくんは、その地区で唯一の子供です。それだけでも「みんなの宝物」なのですが、さらに愛想もよく可愛いので、いつも皆さんを癒してくれます。とくし丸のテーマソングに合わせて踊る姿は、まさにアイドル！

ひなたくんが動くたび、しゃべるたび、皆さんが笑顔になって和やかな空気に包まれます。

そんなひなたくんも、私が出会ってから1年が過ぎ、どんどん成長し、春から保育所に通うようになりました。毎週水曜日と土曜日に会えるのが楽しみだったから、成長はおめでたいこととはいえ、ちょっと寂《さび》しいです。

でも、でも、でも！　この春、ひなたくんは本当のお兄ちゃんになりました！　そう、弟ができたのです！

みんなのアイドルがまた1人増えたのです。なんてうれしいことでしょう。生後まもないアイドルを抱いて、お母さんがお披露目《ひろめ》しに来てくださいました。とてもしっかりしたお顔の男前さんです。

そして、お母さんからとても温かい、こんなお手紙をいただきました。

報告が遅くなりましたが、先月無事に男の子を出産しました。これからも兄弟仲良く元気に育ってほしいと願うばかりです。

とくし丸1周年、おめでとうございます。もう1年になるんですね。とはいえ、すっかり地域になくてはならない存在になっています。

地域の方には買い物できる機会というだけでなく、生活の幅が広がり、豊かになっていますし、それだけでなくて皆が集まるサロンのような場になっていると思います。とくし丸の歌が聞こえると(いえ、聞こえなくても時間になると)、皆が集まってこられ、話に花が咲き……普段道でばったり会うくらいしかない人も、顔を合わせます。実際私もとくし丸さんのおかげで近所の人とたくさん話すことが増えました。

そうやって人が集まってくるのは、単に移動販売車というだけでなく、優しくいつも一生懸命な水口さんだからだと思います。私もいつも元気をいただいています。もちろん、ひなたも大好き！　とくし丸の歌も好きですけど、「としまるのおねえしゃん、やさしいんだー」と言っています。

そんな水口さんのお人柄に、この地区だけでなくそれぞれの地域の人が集まってこられるのでしょうね。

産後しばらくは部屋で安静にしていましたが、とくし丸の歌が聞こえると体がうずうずして……ひなたの気持ちがよくわかります（笑）。またこれからも、新しい家族ともどもよろしくお願いいたします。（抜粋）

ありがたくて、ありがたくて、涙が自然とこぼれていました。

こうして、可愛いお子さんの成長をこれからもずっと一緒にみていける幸せをまた改めて感じ、噛《か》みしめることができる日になりました。

お母さん、ひなたくん、そしていぶきくん！　ありがとう！

これからもずっとずっとよろしくね。

とくとくとーく
とくし丸
HINATA
IBUKI

失敗だらけの1年

人は失敗をして成長していくものだと言いますが、とくし丸を始めてからの1年、もし私が成長しているとすれば、それは数々の失敗のおかげなのでしょうか？

特に最初は、あり得ない失敗の連続でした。

① 積み込みの際、運んでいたコンテナをマットにひっかけてコンテナの中身をぶちまけた。

② ハンディーを打ったのに商品を袋に入れ忘れた。

③ ハンディーを2度打ちした。

④ 売り上げデータをメールでとくし丸本部に送る際、2ケタ間違えて入力して、ものすごい売り上げを献上《けんじょう》した。

⑤ あせって山の坂道をバックで下りていて、山に激突した。

⑥ 仏花の別注を聞いてお届けしたら、私の扱いかたが悪かったようで、1本の菊の茎《くき》がポキッと折れていた（しかもメインの菊が……）。

⑦ 注文品を持って行ったのに、渡し忘れた。

⑧　注文品を持って行ったのに、別のものを渡した。

⑨　新規のお客様のお宅へ2回目の訪問を忘れ、すっ飛ばして店に帰ってしまった。しかも、それに気付いたのが数日後で、謝罪のお電話をしたところ、「お買い物屋さん、やっと思い出してくれたん。もう、次は忘れんと来てな」と、優しく言っていただき、逆にその優しさにひどく凹んだ。

⑩　注文品が山ほどある日、釣銭を持たずに出発した。これはきっと最初で最後だと思うのですが（いや、最後でなくちゃダメ!）、すべての商品を積み込んだら出発の時間を過ぎていたので、安堵《あんど》する間もなく、焦って飛び出しました。なんと、最初の販売ポイントで釣銭を出すまで気付きませんでした。幸い、優しいT店長が急いで届けてくださり、少しのタイムロスで済みましたが、お客様にも店長にも多大なるご迷惑をお掛けすることになり、深く深く落ち込み反省しました。後で謝罪すると、「いいの、いいの」と優しく許していただき、このときも、人間、許されることが、どれほど応えるのかを痛感しました。

こうやって改めて並べてみると、失敗の多さにさらに凹みます……。少しは学んで成長したかもわかりませんが、元来の無鉄砲で石橋を叩かず突っ走りぬける性分と、おっちょこちょいはなかなか変えられず、細かなミスは今でもしょっちゅうしています。

第3回とくし丸親睦会

フクヤさんがとくし丸事業を始めて2周年！ そして、株式会社とくし丸が県外に進出して2周年！ ということで、フクヤさんのとくし丸販売パートナーさん一同、フクヤさんのとくし事業部の皆様など、フクヤさんのとくし丸に関わる人たちが大集合しました！

フクヤさんのとくし丸メンバーが集まるのは、去年の甲子園以来。あのときよりも、今回お仲間が増えました！ もうすぐ、6号車と7号車を開業される藤原さんと藤本さんのお2人です。ほぼ、初顔合わせ。同じフクヤさんの販売パートナーでも、出発する店舗が違うので、なかなか顔を合わす機会がありません。とくし丸親睦会はその名のとおり、交流を深めたり、日々の情報交換をするのにとても良い場です。

住友社長
株式会社 フクヤ
とくし丸開業 2周年!
私

そして、今回は住友社長がわざわざ徳島県から来てくださいました。私は、去年の開業日に出発式でお会いして以来です。少しは成長した姿を見ていただけたでしょうか？

今、メディアでひっぱりだこのお忙しい社長と、直にいろいろなお話ができるまたとない機会です。いつも販売パートナーさんのことを第一に考えてくださる住友社長から、仕事に対する熱い思いもたくさんお聞きし、勉強させていただきました。

本部からは住友社長以外に、今回はもう1人、荒川さんという方が参加されていました。荒川さんはなんと！　この日に株式会社とくし丸に入社された方でした。

東京から徳島に来られてすぐ、新居にも職場にも立ち寄ることなく、住友社長に連れられて京都の舞鶴まで来られたそうです（笑）。入社してすぐに、知らない土地・知らない人々のなかに……「すごい洗礼やな！」って、みんなに冷やかされていました。

みんなでワイワイ呑《の》んで食べて笑って、とても実のある有意義な時間でした。次はいつ集まれるのかな。次はいつ住友社長にお会いできるのかな。それまでに、もっともっと成長しておかないと！

仲間が増える喜び

2016年2月1日には東京・広島・山口と、全国で3台のとくし丸が同じ日に開業されました。

そのうち、東京のベニースーパーで開業された佐藤さんは、たぶん開業前からとくし丸のことを調べていらっしゃったのでしょう。私をご存じで、フェイスブックから連絡をいただいてつながりました。とてもポジティブで明るいお人柄がフェイスブックの投稿でよくわかり、とくし丸に対する思いや、熱心さ、そして開業までの成り行きを拝見していました。

一度もお会いしたことのない、遠く離れた大都会・東京の佐藤さんをずっとそばで見ているような気がしていました。そして、約1年前の自分と重ね合わせ、ワクワクドキドキをもう一度味わわせていただきました。開業前日、

「あ〜、今ごろ、ドキドキで眠れないんじゃないかなあ」

なんて、自分も眠れなかったりして……(笑)。

出発式にはテレビが取材に来て、放送もされたそうです。一気に知名度が上がり、

幸先がよいな～と、自分のことのようにうれしかったです。

ご自分で「とても方向音痴《おんち》だ」と言われていましたが、東京の網目のようにいくつもある路地を覚え、走ることは本当に大変だと思います。

一方通行すらなく、ただただ一本道の田舎で良かった……と、同じく方向音痴の私はホッと胸を撫《な》で下ろすのでした。

佐藤さんの屋号は、『ひろしサンタクロース』。きっと、年中大活躍のサンタクロースとして、たくさんのお客様の元に愛と優しさと元気と笑顔を届けられるんじゃないでしょうか！

それから約3カ月後の5月23日に、福島県の「いちい」というスーパーで開業された柳川さんは、私のブログをずっと見てくださっていて、いつも心温まるコメントを寄せてくださっていました。偶然にも年齢が同じで、物の感じ方も似ているところがあり、柳川さんのコメントはどれほど励みになったかわかりません。

その柳川さんが開業される！　しかも、私のブログに背中を押されたと、おっしゃってくださいました。もう、うれしくてうれしくて、出来ることなら福島までお祝いに駆けつけたいと思うくらいでした。

コメントから、柳川さんの真面目さ、一生懸命さ、優しさが伝わってきます。きっと、お客様を大切にされ、お客様に愛される販売パートナーさんになられることは間違いないと思います。

今も、お忙しいなか、ブログにコメントをくださいます。私も、応援される側から、共に頑張る仲間として、柳川さんをいつも応援しています。

遠いところから

こうやって全国の販売パートナーさんと、フェイスブックやライン、ブログを通じて日々つながっています。そのご縁で、遠いところから販売パートナーさんが2人、会いに来てくださいました。

おひとりは、奈良県のヤマトーというスーパーの社員さんでありながら、自ら志願して販売パートナーになられた小島さん。彼女は毎日放送の『ちちんぷいぷい』というテレビ番組に出演されたことがあり、それを見ていたうちの家族はあまりのかわいさにみんなファンになっていました。

私はそれ以前からラインでやり取りはしていたのですが、その小島さんがなぜか、わたしの車に同乗したいと言ってやってこられました。テレビで観るより、会うともっともっと魅力的な女性でした。初対面という感じがなく、すぐに打ち解けて、車の中でもとくし丸トークやガールズトークで盛り上がりました。お客様には、

「なんや、娘さんか！」

と言われること数十回……。最後にはもう、

「はい！　娘です！」

と答えていました（笑）。

小島さんと一緒にヤマトーの藤原部長さんも来られていましたが、さすがにおふたりとも販売を経験されているだけあり、よく気がついて、お客様への対応もお見事でした。ビックリしたのは、私からは何も伝えていないのに、どこに何があるのか把握され、お客様に聞かれた商品をすぐに取り出してくださったこと。

いつもブログを読んでくれている小島さんは、

「本当に水口さんが楽しいっていうのがよくわかります！　すごく楽しいです！」

と言ってくれました。販売が終わった後には、お2人とも口を揃えて、

「メッチャ、時間がゆっくり流れていた」

とおっしゃっていました。小島さんがまわられているコースは市街地なので、景色も違うし、余計にのんびり感があったのかもしれません。

そして、小島さんと立て続けに、富山県のヴァローレというスーパーでとくし丸をされている古澤さんからフェイスブック経由で「販売を見せてもらいたい」と連絡がありました。

まさか富山県から会いに来られるとは！　うれしいやら、「私でいいの？」と不安になるやら……。遠方から、しかも朝8時にこちらに着くということで、古澤さんが大変なんじゃないかと心配になりました。

「あの～、私の販売見ても何も勉強になりませんよ……。ただしゃべって笑ってるだけなんですけど……」

と言いましたが、

「いやいや（笑）。隣には乗らず、後ろからついて行くだけですので、よろしくお願いします」

とおっしゃるので、お断りする理由もありません。後でフクヤさんの専務にこのこと

を報告したところ、

「ほんまやな。ただしゃべっとるだけやもんな」

と言われました（笑）。

　前日の夕方、

「明日は何時発ですか？　そんなに早く来られなくても大丈夫ですよ。気を付けて来てください」

とメールを打つと、

「もう向かっています。20時には着く予定です！」

と返信が来て、またまたビックリです。そこで初めて丹後で宿泊されると知り、宿を聞いてみると、フクヤ男山店からずいぶん遠い旅館です。

「言ってくだされば、近くの宿を予約したのに……。せっかくだから、ご飯もご一緒出来たのに……」

と伝えると、

「今日は販売でお疲れでしょう。ゆっくり休んでください。宿は、創業100年に惹《ひ》かれて（笑）。明日、楽しみにしています。よろしくお願いします」

と返ってきました。きっと、私に気を遣わせると思われたのでしょう。翌朝、

「水口さん！　ヴァローレの古澤です！」

と、疲れも見せずに爽《さわ》やかに挨拶してくださいました。ハキハキ、テキパキされた方だなあ〜という印象でした。

古澤さんは、公務員を辞めてとくし丸を始められてちょうど半年でしたが、私よりもずっと前からされているような、しっかりした考えとビジョンを持っておられる方でした。同乗はできませんでしたが、合間合間にたくさんお話しして、私のほうがたくさん勉強させていただきました。


全国に拡がるとくし丸販売パートナーさんは、遠くても、お会いしたことがなくても、みんな大切な大切な仲間だと思っています。こうやってたまにお会いする機会があるとさらに刺激にもなり、もっと頑張ろうと思えます。

どんどん仲間が増え、日本中にとくし丸の音楽が響き、とくし丸の周りには笑顔がたくさんあふれる！　そんな素敵がいっぱいな未来を想像すると、ワクワクします。

第1回日本サービス大賞受賞！

国内の全てのサービス提供事業者を対象に、多種多様なサービスを共通の尺度で評価し、〝きらり〟と光る優れたサービスを表彰する「第1回　日本サービス大賞」の授賞式が2016年6月13日に行われ、全国853社応募のなかで「移動スーパーとくし丸」が、農林水産大臣賞を受賞しました！

パチパチパチ!!

サービス名は、「社会貢献型移動スーパー　とくし丸」だそうです。販売するだけじゃない、とくし丸の活動が高く評価されたことはひじょうに素晴らしいことですし、誇らしいですが、同時に、ギュッと身の締まる思いです。

授賞式に出席された住友社長は、

「この賞は、第一線で頑張っている販売パートナーさんをはじめ、提携先のスーパー各社さんがもらったようなものだ。ぼくは、その『代理』でもらってきただけ」と、おっしゃっていますが、この謙虚さこそが、短期間でとくし丸が全国的に拡がった要因のひとつだと思います。お客様や販売パートナーの事を第一に考え、提携先のスーパーを大切にしていらっしゃる住友社長だから、この賞を受賞できたのだと思います。

受賞後、「みなさんへのお礼の気持ち」と、とくし丸本部より各販売パートナーへ名刺をプレゼントしていただきました!

改めて、とくし丸販売パートナーとしての幸せを噛《か》みしめることができました。ただうれしいと思うだけではなく、とくし丸として恥ずかしくないように、謙虚に頑張りたいと思います。

移動スーパー
とくし丸
とくし丸

第5章

泣いて笑って、日々感謝

名前

「あいちゃ〜ん！」

90歳に近い人をそう呼ばせていただいています。

他にも、せっちゃん、しげちゃん、きぬちゃん、はーちゃん、みっちゃん、きよちゃん、みわちゃん、よりちゃん……。

最初はみなさん名字で呼ぶか、もしくは「お父さん」「お母さん」と呼んでいました。でも、私が販売にまわっている地域は、ひとつの地区に同じ名字がかたまっているんです。なんと、お客様の名字が全部一緒の地区もあるくらいです。すごいですよね。

それで、みなさんが会話のなかで呼び合っておられるのを真似《まね》て、私もこんなふうに呼ばせてもらうようになりました。

以前、デイサービスで働いていたときも、利用者さんを下のお名前で呼ばせていただいていたというのもあるかもしれません。

販売にまわっている途中で出会ったりしたら、

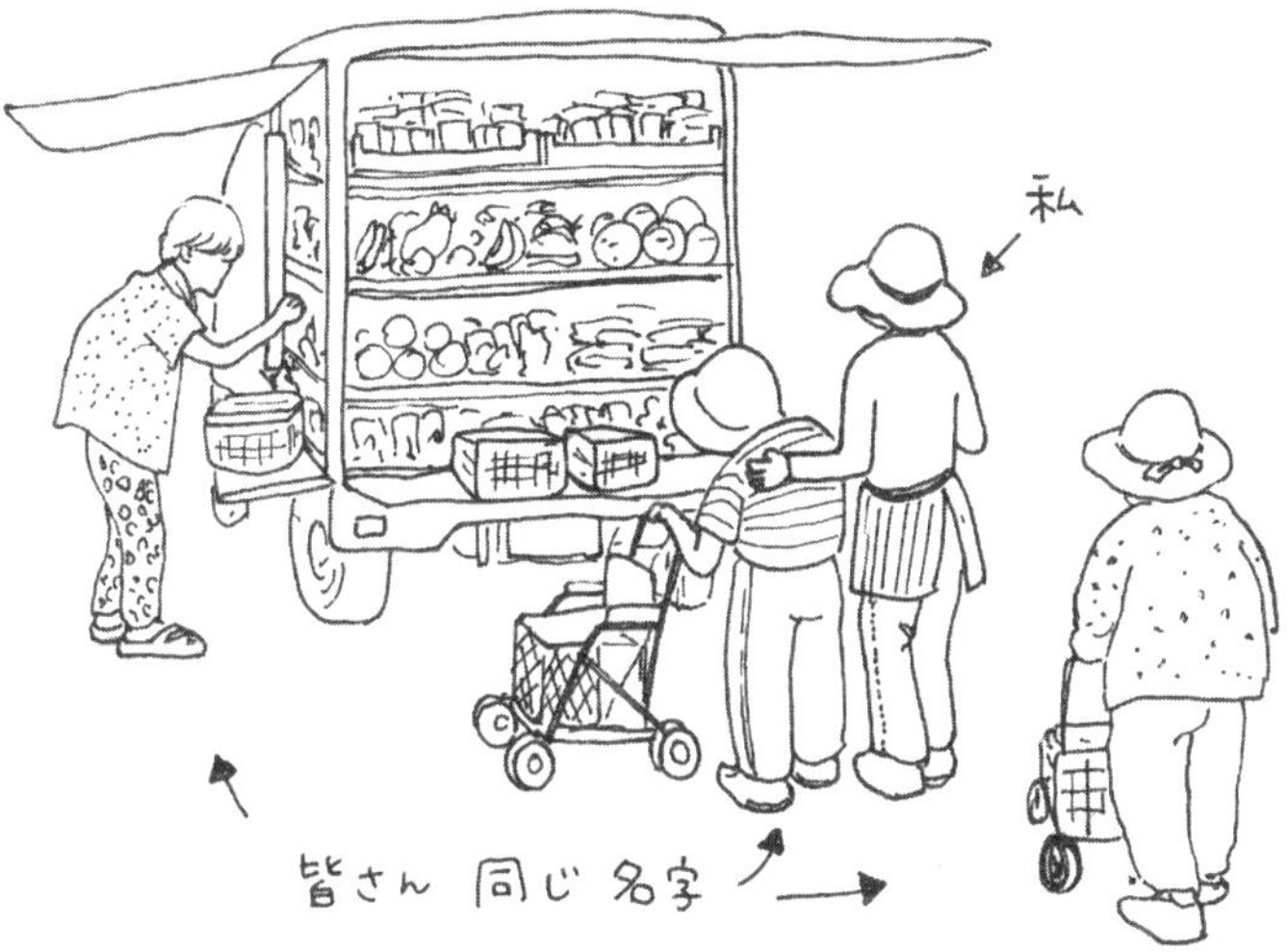
私
皆さん 同じ 名字

「みさちゃ〜ん！」

と、遠くから手を振ります。すると、

「は〜い！」

と手を振り返してくださいます。

お客様はあくまでもお客様で、友達ではないのはわかっています！　でも、下のお名前でお呼びするようになって、より一層親しくなれた気がします。こちらが一方的にそう思っているだけかもしれませんが……。孫ほど年齢の離れた者から、ちゃん付けで呼ばれても、みなさんニコニコ笑って許してくださっています。

おかげさまで私もずいぶん多くのお客様に「美穂ちゃん」と、呼んでもらえるようになりました。もちろん呼び方はさまざまで、「水口さん」だったり、「とくし丸さん」だったり、「とくちゃん」や「とくとくさん」だったり（笑）。

それぞれに親しみを込めて呼んでくださっているので、どういうふうに呼んでいただいても、本当にありがたいです。

たくさんのお客様に出会って、たくさんのお名前を教えていただき、名前の数だけまた宝物が増えたような気がしています。

素晴らしき90代！

「今日は、姉の見舞いに施設まで行ってきました」

と94歳の女性のお客様がおっしゃるので、

「えっ？　Oさん、お姉さんがおられるんですか。なんてご長寿なご姉妹！」

と、つい驚いて言ったら、

「私が誰かわかるか？　って姉に聞いたら、『なんとかわかる』って言うてました（笑）」

　この問答に一同爆笑。Oさんはとてもユーモアにあふれていて、いつも冗談を言って笑わせてくださいます。

「今日は、俳句の本を買ってきてもらって、読んどったんや」

と93歳の男性。

「へえ〜、見せてください。私も興味あるんです、俳句」

と、本を見せてもらうと、アンダーラインや書き込みでページが真っ黒！　すごい！

いくつになっても、勉強することの大切さ、突き詰めることの面白さを教えていただきました。

またあるときは別の93歳の女性が、

「ほお、今日はマンゴーがあるんか！」

「Mさん、マンゴー知っとんなるん!？」

「マンゴーどま、10年前から、仏壇に供えとるわ！」

「し、失礼しました！（笑）」

マンゴーを販売していると、よくお客様に「これ何？」と質問されるので、ビックリしちゃったんです（汗）。

それにしても、10年前からマンゴーを仏壇にって！　ハイカラすぎる!!　御見それしました。

誰も、マイナスなことはほとんど口にされません。前向きで、明るく、元気をくださいます。毎日こんな素敵な大先輩方にふれていると、

「あ〜、私がこれくらいなことでしんどいだの、大変だの言うてたらあかんな。恥ずかしいな」

と、心底思います。

想いの詰まった…

「私は、病気してから手足が思うように動かんようになったで、笑われるかもしれんけど、リハビリに雑巾《ぞうきん》縫ったで持っていいね（雑巾を縫ったから持って帰って）。でも、他の人に私にもらった言うたら、笑いなるで、言うたらアカンで！」

そう言って、あるお客様が雑巾をプレゼントしてくださいました。

自由の利《き》かない手で、指で一針一針一生懸命縫われたその雑巾を見て、涙があふれました。

そして、もったいなくて使えないって言いました。

「あんたに何かあげたいんや。こんなん恥ずかして使えんか？」

「いやいや……もったいなくって使えんわぁ。でも、雑

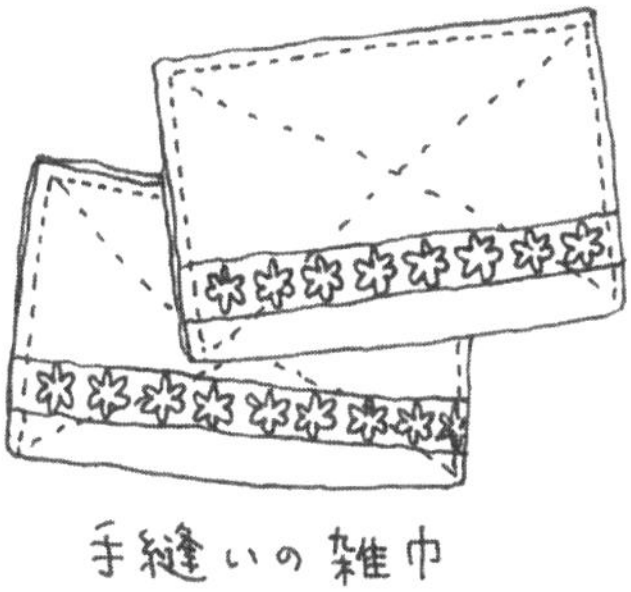

手縫いの雑巾

巾は毎日使うもんやし、ありがたく使わせてもらう！　ありがとうございます！」

他にも、お客様からいろいろなものをいただきます。

「野菜売っとる人に野菜あげるんは失礼やけど、よかったら持って帰って！」

と、手塩にかけて育てた大切なお野菜をいただいたり、

「家で作ったんだで、美味しいかどうかわからんけど、食べてみて！」

と、自家製のお漬物や、パンやケーキ、羊羹《ようかん》、お餅、うご（エゴノリという海藻を加工した食品）、魚の干物など、どれもこれも手のかかったものばかり。

もちろん、何をいただいてもとても美味しく、さすがだなあと感心すると同時に、本当にありがたい気持ちでいっぱいになります。

販売に行っているのに「ものをいただく」こと自体ビックリですが、「あの子が来たらあげよう」と、思い出してくださること、思ってくださることが何よりもありがたいです。

オリジナル・マイバッグ

マイバッグを持ってきてくださるお客様がずいぶん増えましたが、こんな素敵なカゴをお持ちの方が何人もいらっしゃいます。

電化製品などを買ったときに段ボールを梱包《こんぽう》するのに使ってある、ポリプロピレン製のしっかりしたテープ（ＰＰバンド）を編んで作るのだそうです。青あり、黄あり、ミックスあり。軽いし、大きさもお手頃でかわいいです！

みなさんがこのカゴを提《さ》げて来てくださると、なんだかほほえましくって、うれしくなります。それで、ピーンと来ました！

お揃いのカゴをみ～んなにプレゼントしたい！

じつはずっと以前に、あるお客様から、

「お客さんたちにお世話になっているお返しに、カゴをプレゼントしたらどう？」

カラフルな
手作りのカゴ。
かたい
PPバンドを
編んで作ります

とご提案いただき、そのお客様は関東に行かれた際に、わざわざカゴを買って来てくださいました。そのときは10個くらいしか買えなかったということで、10名のお客様にしかお渡し出来ませんでした。

カゴは、いわゆるスーパーにあるような買い物カゴです。自立して置けるので、会計の終わった品物をポイポイと入れていけて、時間短縮になります。袋の節約にもなります。

なんとか、お客様皆さんにお渡ししたい！　と、思ってから半年以上かかって、フクヤさんのご協力もあり、やっと数を揃えることが出来ました。

私が用意したのは、240個。家にやってきた大きなダンボール箱は全部で6個！　1部屋がダンボール箱でいっぱいになりました。

その全てにとくし丸のシールを2枚ずつ貼るのですが、それが結構大変で、見るに見かねた娘が内職を請け負《う》ってくれました。私よりずっと器用な娘。最後のほうは、熟練の職人さんのようにパッパ、パッパ貼っていくので、見ていて圧巻でした。

そんなこんなで、無事に皆さんにお配りすることが出来ました！

「えっ!?　こんな立派なカゴくれるん？」

「こんなんプレゼントしたら、儲《もう》からへんのちゃうかあ」

「こんなカゴもらったら、よ～け買わなアカンやん（笑）」

などなど、反応は様々でしたが、皆さん概《おおむ》ね喜んでくださったと思います。

しかし。次の販売のとき、カゴを持って来られないお客様に、

「アレ？　カゴは？」

と聞くと、

「あ～、あれ、ちょうどええサイズやったし、きゅうり入れとるわ！」

と言われたときにはガクッときました（笑）。

皆さん！　あれは、あくまでとくし丸のお買い物用ですよ！　洗濯物や、収穫したお野菜を入れる用ではありませんよ～（笑）。

まあ、勝手にこちらがプレゼントしたことなので、お客様が喜んでくださっているならそれでいいんですが、やっぱりできれば持ってきていただきたいなあ、と思います。

お揃いのカゴ提げて、とくし丸でお買い物！

うれしいなあ。

ありがたいなあ。

みんな お揃い！

あのもん

「あのもんあるか？」

とくし丸をやっていて、いちばんよく聞くフレーズです。

最初、まだお客様の好みなどが把握出来ていないときには、「あのもん」をイメージして見つけることが至難《しなん》の業《わざ》でしたが、最近では、

「よし！　あのもんキター！」

って、いうくらいな気持ちで楽しませていただいています。

「あのもんあるか？　あのもん」

「はいはい、どのもんでしょうか？（笑）」

「あのもんだぁ～あのもん。ほら、こういう形（手をぐるっと回すしぐさ）の」

……。

さっぱりわかりません（笑）。

「ほら、白い、はちみつとかかけて食べるやつ」

……。

「ん～……」

！

わかった！

「これ!?　もしかして」

と、ヨーグルトを見せると、

「そうそう！　それそれ！」

そんなときは、心の中でよっしゃ！　と、ガッツポーズです。毎回、頭の体操をさせていただいて、クイズを解いているような楽しさがあります。

つい最近では、

「ねえさん、あのもんにゃ～きゃぁ～(ないか)？」

「はいはい、どのもんですか？」

「ほれ、あの料理した時に使う白い座布団みたいなもんだ」

……。

！

「これちゃう!?」

と、クッキングペーパーを見せると、

「ほう、そうそう。それを、てんぷらしたときなんかによ〜使うんだぁ〜」

ヤッター！　大正解！　気分スッキリです。

明日もまた、「あのもん探し」が出来るといいなあ！

待つ

毎日1200点くらいの商品をトラックに積んで販売してまわっていますが、それでも積み込みきれない商品や、売り切れてしまう商品も出てきます。

「○○ある？」

と聞かれ、その商品がない場合、胸がキュッとなって、申し訳ない気持ちでいっぱいになります。そんなときは、

「申し訳ないです。全部出てしまって……今度でもよいですか？」

と言います。各コースを週に2回ずつまわっているので、3日後か4日後にはお届けできるのですが、「そんなん待てるわけないやんなあ……」と、心の中でつぶやきな

がらお聞きします。でも、ほとんどの方が、

「ええで、ええで。次で大丈夫やで」

と言ってくださるのです。

それが、すぐに必要でないものならわかります。でも、例えば、ごぼうとか大根とか、きっと今日のメニューに使おうと思われていた商品だとしても、同じように「ええで、ええで」と言ってくださるのです。

待てん！　絶対待てん！

私なら、我慢できないなぁ～。

きっと、いまの世の中が便利になって、なりすぎて、我慢することが極端に減っていると思うのです。携帯電話のおかげで、待ちぼうけなんてこともなくなりました。コンビニのおかげで、欲しい物が24時間いつでも手に入る時代です。

欲しいと思えば、旅行に行かなくても「お取り寄せ」で全国各地の、いや、世界中の美味しいものもすぐに手に入ったりします。

それなのに、欲しいものを我慢して「待つ」と、言ってくださることのありがたさ！

そして、心苦しさ。

そんなことがないように、本当に必要なものはなるべく事前にご注文くださいね！

と、別注を承っています。

「待つこと」

「我慢」

またお客様から教えてもらっています。

関わり

ご高齢のお客様が多いので、どうしても仕方のないことなんですが……開業した当初、まだ4カ月そこそこのあいだに、連れ合いさんを亡くされたお客様が3人、ご家族をなくされたお客様が1人いらっしゃいました。

その後も何人ものお客様が悲しい思いをされ、また、お客様ご自身が入院をされてそのままお会いできなくなったこともあります。

亡くなられてから少し経って知ることがほとんどです。「ここのところ○○さんのお姿を見ないな」と、思ったらそうだったりして……。

大切な人を亡くされて大きく肩を落とされたお姿に、なんとお声をかけていいかもわかりません。お客様と深く関わらせていただけばいただくほど、私の悲しみも大きく深くなります。これは、開業前には想像していなかったことでした。

そんななかでもお買い物に来てくださる方に、「どうかお体を壊されませんように」と願いながら販売することしか、私にはできません。ですが、

「妻が亡くなってから、心にぽっかり穴が空いたみたいだ……。何も食べたくない。食べられない」

とおっしゃっていたお客様が、

「このチキンステーキを食べたら、美味しいと思って口が覚えたわ！　ちょっとずつ食欲も出て、元気も出てきたわ！」

と少し笑顔を見せてくださって、本当にうれしかったことがありました。

お客様を大切に思えば思うほど、悲しいこともこれから先きっとあるのでしょうが、ほんの少しでもお力になることができたらと思います。

経験を活かせるように

「これから、ちょっと畑に行ってくるけど、音楽聞こえたら下りるから2～3分待っててな」

と、販売中にお客様からお電話をいただきました。

そのお電話から30分ほど後、音楽を流しながらお宅の前に到着しました。2～3分ってことだから……と、乱れた商品を直したり、書類を見直したりしながら待っていました。

確実に、5分以上が経ちました。畑から続く道に人影が現れるのを待ちます。なかなか、姿は見えません。

ん？

おかしいぞ。聞き間違えたかな？

かかってきた着信番号に電話してみますが、出られません。

お家の電話番号に掛けてみても、出られません。

いよいよおかしい……。

嫌な予感もしてきました。あそこであろうと思われる畑に行ってみることにしました。でも、その辺りを見渡しても気配もありません。大声で呼びかけてもみましたが、返事はもちろんありません。

途方にくれているとき、電話が鳴りました。それは、さっきとはうって変わったお客様の声でした。

「家に来て……」

もう、心臓はドキドキで、運転もどうして行ったかわからないほど。とにかく走ってお宅に着くと、玄関に脂汗《あぶらあせ》を流して座り込んでおられるお客様の姿が。

「大丈夫ですか!?」

どうも、30分ほどトイレで苦しんでおられたようです。

「救急車を呼びましょうか?」

と言うと、

「あそこにメモがあるし、財布もあるから持ってきて……」

と言われるので、心配しながらも、その場を離れて言われるがままに取りに行きました。戻ると、また姿がない!

「大丈夫ですかー!?」

と、大声で呼ぶとトイレから返事がありました。まだ痛みがあるようです。

「ほんまに、救急車呼びましょうか？」

と聞くも、

「もう少し様子を見てみる……。忙しいのにごめんよ。もう、次行き……」

との返事が。こんな状態で放っておいて大丈夫なんだろうか？

でも、実際に次のお客様たちをお待たせしているし。でも、でも……。

「何かあったら、絶対電話してくださいね！　すぐに戻ってきますから！　絶対ですよ！」

と、声を掛け、後ろ髪を思いっきり引っ張られながら次の場所に行くことにしました。

その後も、販売しながらずっと気になりっぱなしです。

お電話がなかったので、しばらくしてこちらから連絡してみると、声の調子がずいぶん楽な感じになられていました。

「さっきは心配かけてごめんよ。でも、ほんまに水口さんがいてくれて心強かったわ。ありがとう！」

と言っていただきましたが、私は結局何もしておらず、わだかまりが心に残ったままでした。

それから2日後にまたそのお客様からお電話をいただき、入院したと知らされました。ビックリする私に、

「いやいや、念のための検査入院や。水口さんには心配かけたし、他には誰もいうてへんのやけど、水口さんにだけは言うとかなアカンと思って電話したんや。全然元気やで！　大丈夫、大丈夫！」

と、本当に元気な声で報告してくださいました。これまた恐縮です。私の対応は絶対不十分だったはず！

いつ救急の状態が起こるかわからない、と思いながら販売はしていますが、でも、実際にそんな状態になったらパニックになるだけで、サッと対応出来ない自分の不甲《ふが》斐《い》なさ。

そんな不甲斐なさをお客様にお詫《わ》びし、今後も何かあった場合の対応法をご相談しました。

本当に緊急の場合はすぐに救急車を呼ぶ。そして、地域包括支援センターや110

番に通報する。娘さんに職場の電話番号もお聞きしておいて、そこに連絡させてもらう。そして、娘さんにも私の存在と電話番号を伝えておいていただく。

当たり前のようで、なかなか実際そういう状況にならないと出来ない話ができました。お客様にとっては大変な出来事でしたが、幸い大事には至らず、私は勉強をさせていただきました。

これからも、ひとつひとつ経験を積んで、今後の販売に活かしていけたらと思っています。

じゃんけん　ぽん！

デイサービスで働いていたとき、レクリエーションを担当していました。利用者さんたちが楽しめるようなイベントを考え、企画する係です。

みなさん、初めのうちは遠慮がちだったり、後ろ向きだったりするのですが、いざ始めると真剣に取り組み、童心にかえっていらっしゃった様子がすごく印象に残っています。もちろん、私も同じように真剣に楽しんでいました。

とくし丸の仕事に少しは慣れて、余裕が出てきたのでしょうか。あんなふうにお客様とも一緒に楽しいことが出来たらなって、思っちゃいました。

思っちゃって、早速実行しちゃいました。

ゴールデンウィーク特別企画・じゃんけん大会！

と銘《めい》打って、じゃんけんで私に勝ったら小さなお菓子をプレゼントするというイベントを各コース1回ずつ実施しました。

ゴールデンウィークなら、帰省されているご家族やご親戚《しんせき》の皆さん、そして、学校がお休みの子供たちにも参加してもらえると思ったのです。

商品はスナック菓子の小袋など、本当にささやかで子供じみたものですが、皆さん真剣に私とじゃんけんしてくださいました。

「よっしゃ！　ほんなら、気合い入れるで！」

「たかが、じゃんけんやけど、メッチャ楽しいなあ」

「じゃんけん勝負なんて生まれて初めてやわ」

「勝っても負けても、盛り上がるなぁ～」

などなど、たかだかじゃんけんするだけで、笑顔と笑い声でいっぱいになりました。

自分の買い物が終わって、自分のじゃんけんが終わっても、他の人がじゃんけんするのを楽しそうに見ているお客様もたくさんいらっしゃいました。

「こんな商品用意して、なんぞ楽しませたろう思ってなあ。あんたも大変やなあ」

なんて言っていただいたりもしましたが、なんのなんの！「すみません。私が楽しみたいからしとるんです。付き合っていただいてありがとうございます」です。

ほんまに、楽しかったあ！

延《の》べ２００人以上の方とじゃんけんしました。おかげで、いろんな法則（？）を発見したりもしました。こんなにじゃんけんしたのは、一生のうちで初めてです（笑）。さすがに張り切り過ぎて、最後の日の最後のほうはヘトヘトになっていましたが、それでも、本当に充実した時間を過ごすことができました。

じゃんけんって、すごい！　何の道具も使わず、手だけでこんなに盛り上がれるなんて！

以前、テレビで荒れた高校をじゃんけんで一流高校に変えた校長先生の話をしていましたが、本当にじゃんけんのすごさを実感できた気がします。

「おばちゃん！　じゃんけんしよ！　じゃんけん楽しみにして来たんや」

なんて、子供たちに言われたり、

「こういうんは、楽しいなあ。また、してぇよ！」

なんて、うれしいことを言ってもらうと、あ〜、今度はどんなことしようかなあって、もう次の企画で頭がいっぱいになっています。

また、一緒に笑いましょ！　楽しみに待っていてくださいね。

耳より情報

お客様Oさん「この『わかめふりかけ』、お餅に入れたら美味しいんやんな～」

私「えっ？　どういうことですか？」

Oさん「あんな、お正月にお餅ついたとき、一緒に入れるんやん。そしたらメッチャ美味しいで～」

一同「へぇ～！」「でも、お餅自体つかんでなぁ～ガハハハハッ！」

お客様Iさん「天かすある？」

私「ありますよ！　はいどうぞ」

Iさん「これな、おにぎりに入れるんやん！」

私「えっ、おにぎりに？」

Iさん「そう！　この天かすに麺つゆかけて、おにぎりに入れるん。それを焼きおにぎりにするの。そしたら、天かすの油がじゅわ～ってええ感じになるんや」

私「へえ、美味しそう！　今度やってみよ！」

主婦のベテランさんが集まると、こんな会話がよく繰り広げられます。自分の知らないことがたくさん聞けて勉強になるし、とても楽しいです。先日も、

お客様Kさん「卵ちょうだい。この卵、冷凍しとくのよ」

私「えっ？　卵を冷凍、ですか？」

Kさん「そうよ。それを冷凍庫から出したら自然にヒビが入るの。そして、殻《から》がきれいにめくれるのよ。半解凍のまま輪切りにして熱々の白いご飯にのせてごらんなさい。とてもプルッとして、黄身の食感が美味しいのよ」

私「え〜、全然想像がつきません！　でも、やってみます！」

ということで、さっそく実験。

熱々ご飯にのせて、お醤油かけていただきまーす！　ご飯に混ぜると白身は普通に白身の感じ。黄身は見た目、ゆで卵みたいなのですが、食感はトゥルッとした感じ。おもしろい！　普通に美味しい！

卵が食べきれへんときは、冷凍可能なんだ！　しかも、美味しく食べられるんだ！
またひとつ、今日は主婦として勉強させていただきました。

①冷凍庫から卵を出す。

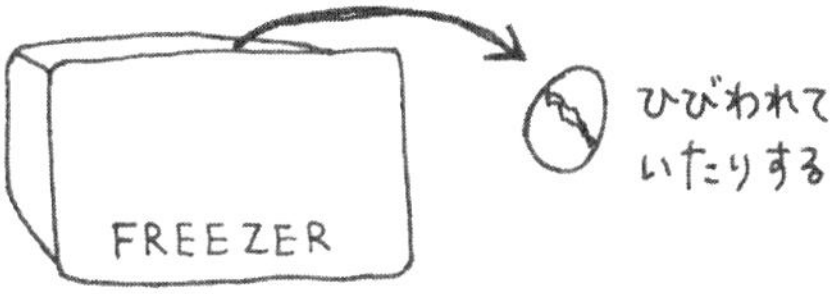

②殻をきれいにむいて、輪切りにする。

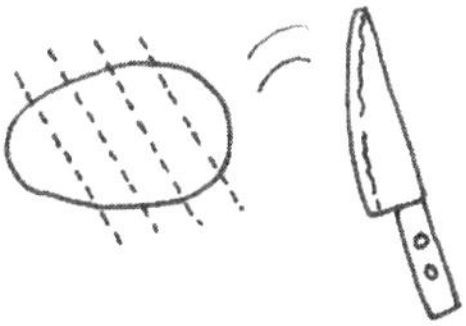

③ご飯にのせて、しょうゆをかける。
いい具合に半解凍になる！

携帯ストン事件

携帯電話の調子が少し前からどうもおかしくて、そわそわしていました。

登録しているお客様の電話番号も、知らず知らずのうちに260件（施設なども入れると300件くらい）入っています。これが、急に壊れて使えなくなっては大変。ましで、データが消えてしまったら……。そんなことを考えただけでぞっとします。

それで、旦那さんにお願いして、ネットでええ感じの携帯を注文してもらいました。使っていた携帯は安さ重視で、シムフリーの格安スマホでした。安い分、すべて自分で（というか、ほとんど旦那さん任せですが）設定しなければならず、使い始めるまでがとても大変でした。

今回は、前回の反省を生かして、少しは設定の楽なものを選びましたが、それでも、苦手意識もあって、ちゃんと使い始めるまでに3日ほどかかりました。

なんとか設定も終わり、アドレス帳も無事移行でき、さあ、いよいよ今日から使おう！　と新鮮な気持ちでスーパーへ。

朝の積み込みが順調に済み、「トイレを済ませて出発するか！」と、トイレに入って……。

まさかの！

まさかの！

トイレにストン！

水洗なので、急いで手を伸ばして引き上げ、水を丹念に拭き取りましたが……。

「今回は、防水にせんかったで……」

旦那さんの言葉がよみがえります。リフレインのように、何度も何度も……。

でもとにかく、出発しなければ！

もう、心臓バクバク取り乱しまくりの状態で、どうやって伊根までたどり着いたか覚えていないほど、動揺していました。

変な動きや、変な音がする携帯電話を気にしながらも、ポイントに着いてお客様にお会いしたら、何でもなかったような笑顔で接しなくてはいけません。

私は、そのとき、ちゃんと笑えていたでしょうか……？

本当は、旦那さんにすぐに報告して自分が楽になりたかったです。でも、自分は楽になっても、旦那さんは朝からずっと嫌な思いをします。それを考えると、出来ませんでした。

　お昼くらいまでは引きずりました。

　でも、逆にお客様に自虐《じぎゃく》ネタとしてお話しして笑ってもらおうと思ってからは、少し気持ちが楽になりました。

「なんやってえ〜！」

　ビックリされる方。

「あらら」

　呆《あき》れられる方。

「私、ほんまにアホやろ。○○さん、アホって言うて」

「ドアホ！（笑）」

　一緒に笑ってくれる方。

「案外、あんたはおっちょこちょいなんやなあ〜」

「そうやでえ〜。買い物した物をそのまま置いて来たり、玄関にカギ差したまま出掛けたことが3日連続あったりしたんやでえ〜」

「どぉえ！　そりゃすごいわ！」

と、違った意味で見直してくださる方（笑）。

本気で今後のことを考え、

「こうしたら落ちひんのちゃうか？　いやいや、こうやろ？」

と、あれやこれや案をくださる方。

「まあ、これでも飲んで元気出して！」

と、秘蔵の健康ドリンクを持ってきてくださる方。

皆さん、なんとか私を元気づけるために言葉を掛けてくださいました。

「そんなお金で解決できるもんは、ええやん。それが、事故したり命に関わることと違うんやで」

自分の馬鹿さ加減にほとほと呆れていた私に、皆さん本当に優しい。

帰ってすぐに謝罪したら、まったく怒らなかった旦那さん（きっと、呆れてものも言えなかったんだと思いますが）。

落ち込んでいる私に、

「はあ～、言葉も出んわ。でもな、お母さん。終わったことやん。終わったこと言うてもしゃあないやん！」

と、どっちが親なのかわからないようなことを言ってくれる娘。聞いていて、知らん顔をしてくれる息子。

みんなの優しさをまた改めて知ることとなりました。

優しくされればされるほど、余計に自分がダメな人間に思うのですが……。今度は、絶対大切にします！

この日、1日携帯電話が使えなくて本当に心細く、不自由な思いをしました。携帯電話はとくし丸にとって、なくてはならないアイテム！　皆さんの優しさと共に、身に染みてわかった出来事となりました。

伝書鳩

「世間は狭《せま》い」とよく言われますが、田舎ほど、それを強く感じるような気がします。知らぬ間に、どこかで誰かとつながっている。とくし丸をしていると、つくづく感じることがあります。

違う場所にそれぞれ買いに来てくださっているお客様とお客様が、親子だったり、

兄弟だったり、お友達だったり。話の中でそんなことがわかると、

「え〜！　○○さんの息子さんですか⁉」

と盛り上がったりします。それと同時に、キチンと生きていないと！　と、改めて感じます。


先日も販売していると、見知らぬ女性が来られて、

「うちの母がいつもお世話になっているみたいで。わがまま言うて、とくし丸さんにいっぱい迷惑かけとるみたいで、すみません！」

と、元気に声を掛けてくださいました。


どちらのお客様かを聞いて納得！　よく似ていらっしゃいます。お母様もとても元気な方です。

「とんでもない！　こちらのほうがお世話になっております！　お母さんにはいつも元気とエネルギーをもらっています！」

と言うと、次にそのお客様（お母様）を訪ねたとき、

「この前、娘がとくし丸さんに出会った言うとったわ！　迷惑かけとるって言うたら、『いえいえ、エネルギーもらっとります！』って言うとんなった、って言うとったわ」

と、もうかなりの伝言ゲームだというのに、ちゃんとしっかり伝わっていました。

なかなか会えないお友達やご家族に伝言を頼まれることもあります。

「〇〇ちゃん、元気にしとる？　忙しくて、なかなか連絡もとれんけど『また会いに行くわ！』って言うといて～」

そのとおりにお伝えすると、

「私も会いたいんや。久しぶりに電話してみようかなあ」

こんなやり取りが何回かあり、やっと連絡がついて何年かぶりにお会いになったそうです。

あるときは、私の友達のお母様がお客様だったことがわかり、友達に、

「歩き方や仕草《しぐさ》がお母さんとそっくりやなぁ～」

と言うと、

「私は顔がお父ちゃん似なんや。お母ちゃんは昔べッピンさんやったんやで～」

（今でも、素敵やで！）

そのことをお母様にお伝えすると、

「あの子がそんなこと言うとったか？」

と照れくさそうにされ、

「あの子は、頑張り屋でしっかり者であっさりしたええ性格しとるんやで」

とお話してくださいました。

（はい。その通りだと思います！）

そのことをまた友達に伝えると、

「お母ちゃん、私に直接言うてくれたらええのにな！　私の前では、絶対褒《ほ》めへんで。まあ、お互い照れくさくて言えんのやけどな！」

と、うれしそうでした。

そんなやり取りを聞いていると、こちらまでが幸せに包まれます。そして、改めてしみじみと、「とくし丸をやって良かった」という気持ちになるのでした。

雪の日に温かい

「ほんまはな、今日は寒いしおかずも作ったし、来んとこうかと思ったんや」

そう、お客様Sさんが言われました。

「そうですよね。こんなに時雨《しぐれ》れて風が冷たい日は、外になんか出たくないですよね……」

「でもな、旦那が『牛乳でも何でもええで買って来い！　ねえちゃんが、こんな寒いなか、どんな思いで来てくれとる思っとるんだ！　寒い言うとらんと、買って来い！』言うから、牛乳だけ買いに来たんやけど、やっぱり見るといろいろ欲しくなるな（笑）。なぁ、ほんま、こんな寒いときは美穂ちゃんも来たないやろ？」

　とんでもありません！　1度たりとも「行きたくない」なんて思った日はありません！

　Sさんの旦那様の優しさに、寒い心と体がポッと温かくなりました。1度もお会いしたことがない私のことを、こんなに気遣ってくださるなんて……。

「Sさん！　今度、お父さんに直接お会いしてお礼が言いたいから、一緒にお買い物来て！　って言うといて～」

「そうやろ～。そう言うんやけど、『こんな爺《じい》さんが買いに行ったら恥ずかしいわ』言うて、来ぉへんのやで」

　Sさんをギュッとハグして、

「じゃあ、お父さんにこれくらいの気持ちでありがとう！　って、言うといてね」

「わかった、言うとくわ（笑）」

　こんなホットな出来事で、寒い冬もなんのその！　です。

まるで選挙カー？

　とくし丸に乗って車を走らせていると、小さいお子さんはもちろんのこと、道行く観光客や外国からおみえの人たちも、自然と手を振ってくださいます。

　たまに助手席に乗ってくれる旦那さんが、

「選挙カーじゃないんだから（笑）」

と、その光景に驚いては笑っています。

　パトカーとすれ違ったとき、お巡《まわ》りさんが会釈《えしゃく》をしてくださったのを見て、

「すごい！　お巡りさんまでおじぎしてくれるやん！」

と、ビックリしていました。

　ほんとにでも、そうですよねえ。自分がものすご〜く人気者になったような錯覚《さっかく》を

してしまいます（笑）。

　そんなときは、

「君がすごいんちゃうで！　とくし丸がすごいんやで！」

と、しっかり釘を刺されます。はい、わかってます！「とくし丸だから」です。私が普通に自家用車を運転してたって誰も気付かないし、誰も手なんか振ってくれませんもんね。

　勘違いしそうになる私の目を覚まさせてくれた旦那さん！　ありがとね（笑）

とくし丸効果

　選挙カー的な人気だけではなく、とくし丸をしてよかったことは他にもたくさんあります。
◎まずはお客様とつながりが出来たこと。これが最大の喜び。
◎とくし丸をしてから、4kg体重が落ちたこと。何年もずっと同じ体重だったのが、中学校以来じゃないかという数字を叩き出しました！（笑）無駄《むだ》なお肉がそぎ落ちた感じ。とても健康的に痩せました。

◎くよくよ悩まなくなったこと。意外と小さなことでくよくよ考えたり悩んだり、取り越し苦労が多かったのですが、最近はあまり引きずらなくなりました。というか、悩んでいる暇《ひま》がないってのが正解かも。

仕事に無我夢中になっていると、いらんことを考えている間がありません。ありがたいことです。

◎熟睡できるようになったこと。寝付きが悪く、眠りも浅く、ちょっとした物音でも目が覚めていたのですが、今は布団に入った途端に眠り、目覚ましが鳴るまで爆睡です。今まで睡眠に関する悩みで悶々《もんもん》としていたのが嘘のようです。

◎旦那さんが台所に立つようになってくれたこと。昔から家事に協力的なほうでしたが、台所に立つことだけはしようとしなかった人が積極的に料理を作るようになってくれました。これも、せざるを得ない状況ってのが正解でしょうが（笑）。

お互い、疲れているのですが、帰ってきて台所に立って、並んであーだこーだと言い合いながらお料理するのは、まんざらでもないなって感じです。

以上のことは、ある意味、「とくし丸の大変さ」を物語ってもいますが……。でも、だから1日の、そして1週間の達成感はハンパないです！

頑張った！　やりきった！　感をものすごーく感じられ、充実感で満たされるのです。

初・ラジオ出演とミニコミ紙

なんと、このたびラジオに出演させてもらいました。この私が！　びっくりにもほどがあります！

フェイスブックのつながりでFMまいづるさんからご依頼をいただきました。番組は『ななこちゃったラジオ』（FM77.5だから『ななこ』だそうです）の「これがわたしの生きる道」というコーナー。

電話ではやり取りしていましたが、本番の1時間前にDJの藤本さんと初めてお会いし、少し打ち合わせをして、すぐに本番！　喉《のど》はカラカラ、胸はドキドキ、久々の大緊張でした。

でも、本番が始まると藤本さんがうまくリードしてくださって、サブのDJのムジカマキーナさんと女性3人で、楽しくトークさせていただきました。思えば、普通のおばちゃんが急にスタジオでしゃべるなんて、なかなかないことですから、「え～っと、とか、あの～が多すぎ！」と、聞いていた人からご指摘いただきました（笑）。放送をCDに焼いてもらいましたが、聞くのが怖いです……。

ラジオのなかで、好きな曲をリクエストしてかけていただきました。ザ・ブームの『風になりたい』と、京都府がキャンペーンしている「海の京都」のテーマ曲・葉加瀬太郎の『天とつながる海』と、NHKのこども番組『おかあさんといっしょ』で流れていて大好きだった、『シアワセ』という歌です。

『シアワセ』は、いま、とくし丸の車の中で自然に口ずさんでしまう歌です。幸せには大きいものから小さなものまでいろいろな形があると思います。大きなものでなくとも、日々の生活のなかに当たり前のように幸せはある、と気づかせてくれる歌です。

毎日の販売のなかで、大好きなお客様方に会えること。

おしゃべりできること。

みんなが健康でいられること。

笑い合えること。

たくさんの幸せのなかに自分がいられることへの喜びがあふれてきて、つい歌ってしまうのです。

そんな、大好きな歌を流していただきました。

とくし丸の話は話し出したらキリがないほどあるし、でも、時間は限られているし、とくし丸についてうまく説明できたか、とくし丸の魅力が伝わったかどうか、ものすご～く心配ですが、私個人としては、一生のよい思い出になったし、貴重な体験だったと思っています。

ラジオ出演と前後して、地域のミニコミ紙『ねこじゃらし』さんにも大きく取り上げていただきました。

「販売の合間に少しお時間が取れたら、お話を聞かせてください」

と言われたのですが、少しも時間の余裕がない状況を説明し、販売しながらや、片付ける間になど、ずいぶん慌《あわただ》しい取材になってしまいました。

最後に、とくし丸5号車と私を写真で撮ってくださったのですが、そのときには化粧はすっかり剥《は》げ落ち、ドロドロの状態。「こんな写真載《の》せて大丈夫なんだろうか

……」と心配でしたが、紙面が1色刷りなのと、カメラマンさんの腕で、なんとか誤《ご》魔《ま》化《か》せたんじゃないでしょうか？（笑）

『ねこじゃらし』はたくさんのファンがおられるので、本当にたくさんの方から、「ねこじゃらし見たで！」と、声をかけていただきました。病と闘っていらっしゃるお客様からわざわざお電話をいただいて、

「うれしかった！　読んで元気が出た。涙が出てきた。アルバムに貼っておくわ」

と言われたときは、感激して泣いてしまいました。

何年も会っていない友だちからもメールが届き、

「頑張ってる美穂ちゃんを見て、私も頑張らなアカンなあと思った。とりあえず、これから稲刈り頑張ってくるわ！」

と言ってくれました。

「ねこじゃらしは営利目的ではなく、頑張っている人にスポットを当て、それを読んだ人が刺激を受けてもらえるようなものにしたいんです。美穂さんの頑張ってる姿を見てもらって、同じような女性が『私も頑張ろう！』って思ってくれたらなあ、と思います」

と、取材に来られた方がおっしゃっていました。素敵ですよね。

だから、1人でも読んでそう感じてもらえてうれしかったし、やっぱり『ねこじゃらし』さんはすごいなあ！　と、ますますファンになりました。

ラジオやミニコミ紙……こんな体験ができたのも、とくし丸に出会ったおかげ。とくし丸で、また大きく世界が広がった気がします。

とくし丸冥利《みょうり》

先日、販売先でいつも来られるお客様が見えませんでした。

「あれ？　今日はYさん来んね。聞こえんのかな？　いらんのかな？」

「お仕事ちゃいますか？」

そんな会話を、お客様としていました。それまでにも、お仕事の都合で来られないこともあったし、しばらく待って次のお宅へ行くことにしました。

Yさんは、たまに「聞こえなかった」とおっしゃって、次の場所に来られることもあったのですが、その日は次の場所でもお会いできず、「きっとお仕事で家にいらっしゃらないんだな」と思っていました。

それから1時間近く経って、何カ所目かのポイントにいるときです。「ブ〜ン！」と、バイクの止まる音が。

「あっ！　Yさん！」

そのお客様でした。

「今、仕事帰りですか？　偶然ですねぇ〜」

という私に、

「いや、家におった。今日は音が聞こえんかった（笑）」

えぇーっ！　お家からそのポイントまでは、2〜3キロの距離があります。しかも、途中にスーパーもあります。

それに、それに、Yさんは私がどこをどういうふうに販売してまわるのか、全くご存じありません！

ヘルメットを脱いだ額《ひたい》には汗がびっちょりです。

「ここまで追いかけて来てくださったんですか？」

言うのがやっとでした。驚きで思わず泣きそうになるのをぐっと堪《こら》えました。ここで、泣いたらあかんやろ！　と、必死で堪えました。

うれしいのと、申し訳ないのと、どうお礼を言っても言い切れないくらいの感謝の気持ちでいっぱいでした。

Yさんは、いつも通り普通にお買い物をして、何でもなかったかのように、普通に帰って行かれました。

後で聞いたら、いつもの買い物の場所に行って、そこのお家のお客様に、「まだ来んのか？」と聞かれたらしく、「もうだいぶん前に行ったよ」と教えてもらうと、急いでバイクで出られたそうです。その時間からすると、かなり探しまわってたどり着かれたようです。

教えてくださったお客様から、

「あんなお客さんおらんよ〜。ほんまに、幸せやなあ。大事にせなね！」

と、笑って言っていただきました。

ほんまに！

お客様すべてを大切に思って仕事していますが、大切にされていたのは自分だったんだなと、思い直した出来事でした。

財産

もし、私がとくし丸をしていなかったら、
普通に道ですれ違うだけだった人たち。

ふれあうことも、会話することさえもなかった人たち。

そう思ったら、お客様はみんな、この仕事をしているからこその「おかげさま」。

人生、人とどれだけ知り会えるか。人とどれだけ関わりが持てるか。

それが多ければ多いほど財産になると思う。

もちろん、人との関わりが多ければ多いほどの大変さ、煩《わずら》わしさなんかもあるかもしれない。

でも、それを差し引いてもやっぱりそれはかけがえのない財産なんだと思う。

この仕事を始めてときどき聞かれるのが、「よ～儲《もう》かるか？」です。

そういう意味で言えば、この仕事をして「人」という財産はたくさん増えました。

「おかげさまで、ありがとうございます」

そういう気持ちを込めて、そんなときはこう応えています。

点と点だった私とお客様が、今ではどんどんつながって長い線になっています。
長い線と長い線が交差して、どんどん広がっています。
出会いに、そしてつながりに、感謝感謝です。

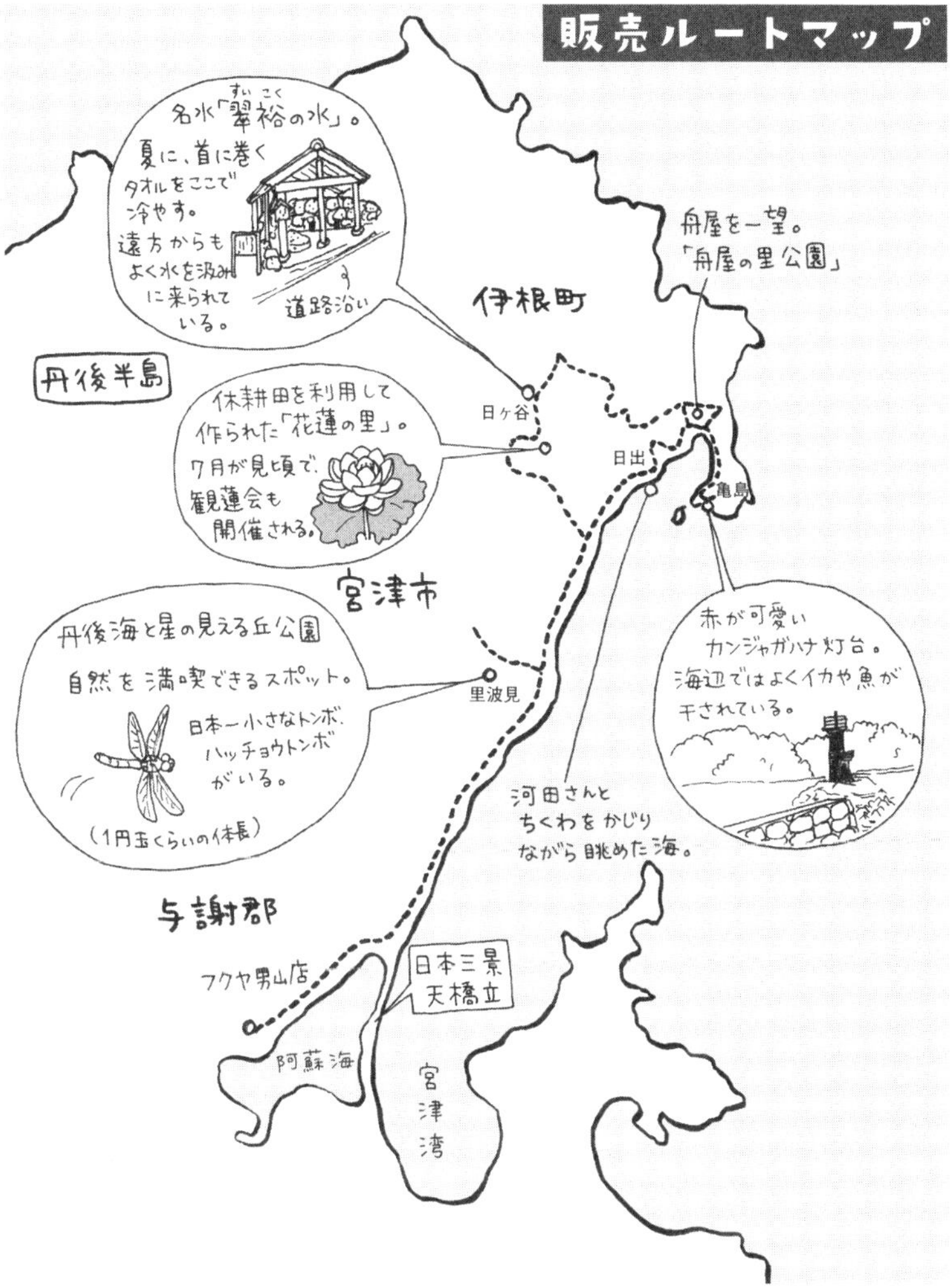

販売ルートマップ
名水「翠裕《すいこく》の水」。
夏に、首に巻くタオルをここで冷やす。
遠方からもよく水を汲みに来られている。
道路沿い
伊根町
丹後半島
休耕田を利用して作られた「花蓮の里」。
7月が見頃で、観蓮会も開催される。
日ヶ谷
日出
舟屋を一望。
「舟屋の里公園」
亀島
宮津市
丹後海と星の見える丘公園
自然を満喫できるスポット。
日本一小さなトンボ、ハッチョウトンボがいる。
(1円玉くらいの体長)
里波見
赤が可愛いカンジャガハナ灯台。
海辺ではよくイカや魚が干されている。
河田さんとちくわをかじりながら眺めた海。
与謝郡
フクヤ男山店
日本三景
天橋立
阿蘇海
宮津湾

月木コース

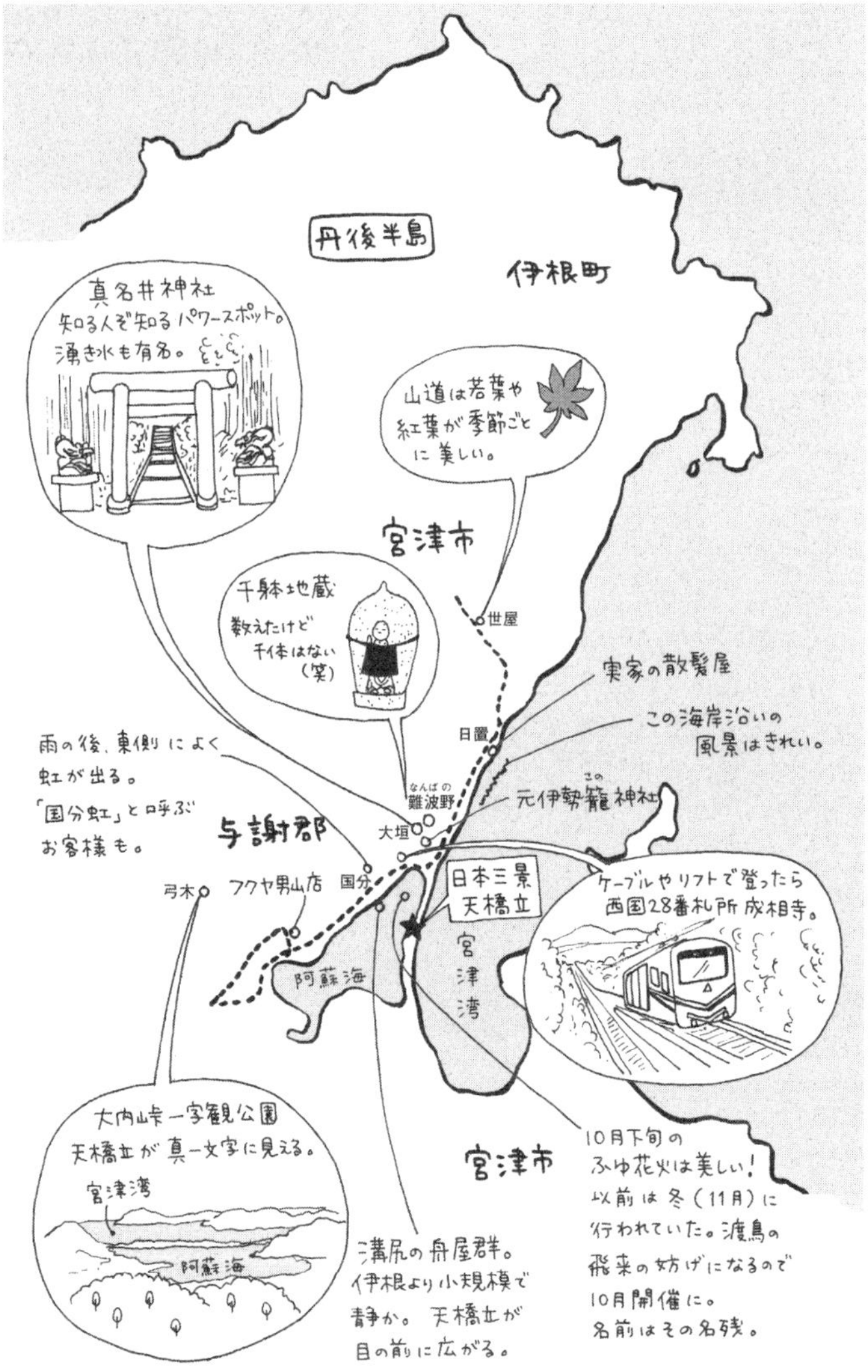
丹後半島
伊根町
真名井神社
知る人ぞ知るパワースポット。
湧き水も有名。
山道は若葉や
紅葉が季節ごと
に美しい。
宮津市
千躰地蔵
数えたけど
千体はない
(笑)
世屋
実家の散髪屋
この海岸沿いの
風景はきれい。
日置
雨の後、東側によく
虹が出る。
「国分虹」と呼ぶ
お客様も。
難波野《なんばの》
元伊勢籠《この》神社
与謝郡
大垣
国分
弓木
フクヤ男山店
日本三景
天橋立
ケーブルやリフトで登ったら
西国28番札所成相寺。
阿蘇海
宮津湾
大内峠一字観公園
天橋立が真一文字に見える。
宮津湾
阿蘇海
宮津市
10月下旬の
ふゆ花火は美しい!
以前は冬(11月)に
行われていた。渡鳥の
飛来の妨げになるので
10月開催に。
名前はその名残。
溝尻の舟屋群。
伊根より小規模で
静か。天橋立が
目の前に広がる。

火金コース

本庄浜は海水浴場とはいえ、
冬場は「ザ・日本海」。波の花が
飛ぶほど。
バッシャーン
×印のエリア、
サルがしょっちゅう
出没！
布引の滝。ふだんは
まったく水が流れていない。
大雨が降ったとき出現したのを
一度だけ見た。
本庄浜
本庄上
本庄宇治
津母《つも》
浦嶋伝説が伝わる
浦嶋神社がある。
木彫りの
神亀の
お守り
この坂道から
眺める景色が好き。
つい柔軟体操
したくなる。
伊根町
平田
冷蔵庫のカギを
かけ忘れて、シュークリーム
が破裂した坂道
長江
テレビの撮影がよく来る
伊根浦公園。
舟屋が見える。
宮津市
カラスの襲撃多し。
3度も商品を持っていかれた。
ギャー
よく利用するガソリンスタンド。
あちこちの防波堤にカモメが
ずらっと並んでいて壮観。
（海）
（道路）
これ全部カモメ
丹後半島
与謝郡
フクヤ男山店
日本三景
天橋立
阿蘇海
宮
津
湾

水土コース

つづきに（あとがき、にかえて）

——住友達也

水口美穂さんがとくし丸に出会うところから、この本は始まる。そして諦めかけたり、背中を押されたりしながら、周りの様々な人たちとの関係の中で、とくし丸販売パートナーという仕事に飛び込んでいくことになる。まだ世の中に移動スーパーが認知されていない、とくし丸自体が全国で40台にも満たない2015年4月1日のことだった。

その日に僕は、京都のスーパー・フクヤ5号車目となる出発式（開業式）で初めて水口さんに出会った。小柄で華奢《きゃしゃ》そうな外見だったけど、明るく元気そうなオーラは、その時からちゃんと伝わってきていた。もちろん初日の緊張と不安もナイマゼになって、ではあるけれど。

そもそも、徳島から始めたとくし丸だが、県外で一番最初に導入いただいたのが、京都府舞鶴市に本部のある、ここ株式会社フクヤさんだった。それだけに僕にとっても思い入れの大きなスーパーなのである。何としても軌道に乗ってもらわねば、是が非でも「やって良かった」と言ってもらわねば、と強く強く願っていた。

それから約2年。本当によく頑張ってくれてるなぁと、しみじみ感じる。しかもその「ガンバリ」は、周りから見ても実に「気持ちのいいガンバリ」なのだ。当然ながら、仕事である以上何をやっても大変なことは必ず、ある。ましてそれで生活を支えようというならば、真剣な姿勢で臨まなければ、仕事として受け入れてもらえない。そう、世の中は、そんなにアマクはできていない。

でも、どうせ大変な仕事をするなら、いや、大変な仕事だからこそ、自分に適した、やり甲斐《がい》のある仕事をやった方がいいに決まっている。そういう意味では、水口さんには、このとくし丸販売パートナーという仕事が、まさにピッタリ合致したのではないだろうか。

とはいえ、この本にも書かれているように、そうヤスヤスと売り上げが上がった訳ではない。汗をかき、暑さ寒さに耐え、ついでにたまには冷や汗や涙を流しながら、様々な知恵と工夫でここまでたどり着いたのだと思う。

彼女が「ブログを書いている」ことを知り、時々覗いては、陰ながら「ガンバレー」と声援を送っていた。でもたまに、こちらも「大丈夫かぁ？」と心配するようなこともやらかしてくれる。が、そこにはいつも水口さんの「おばあちゃんに寄り添う気持ち」がしっかりと含まれていることが伝わってくるので、僕は案外ノンキに眺めていたように思う。

そして何より、文章が面白い！　これはこのままネットの中だけで収めておくのはもったいない。何とか1冊の本にまとめて、世の中に出せないものかと密《ひそ》かに思うようになった。

で、僕の唯一の単行本『あわわのあはは』を出版してくれた、西日本出版社の代表である内山さんに「こんなに面白いブログがあるんですが、出版してみる気はないですか？」と、実は本当に気軽な気持ちで持ちかけたのだ。そしたら内山さんが、いとも簡単に「なら、出してみますか」ってことに相成《あいな》った。

もちろん、こんなにトントン拍子で出版の話が進んだのは、それだけ「中身」がしっかりしていたからである。水口さんの書いている内容は、すべて「ゲンバ」にいなければ書けない「ジジツ」ばかりである。だから読む人を笑わせ、感動させ、涙を誘う文章に仕上がっているのだ。「ツクリモノではないゲンジツ」は、何よりも人を強く惹《ひ》きつける。

とくし丸の話をする時、僕はよく「スイミーの話」を持ち出す。小さな魚が大きな魚のカタチを創《つく》り、でっかい魚を撃退するという有名なお話だ。全国津々浦々に、毛細血管のようにとくし丸が駆《か》け巡《めぐ》ることで、大手の資本や巨大組織に対抗できる、そんな仕組みを創りたかった。提携いただいているスーパーや、個人事業主である販売パートナーさんを小魚にたとえるのは少し気が引けるけど、まさに「スイミー」のイメージなのである。

一人一人は自立した、志を持った人たちが、とくし丸というキーワードで寄り集まって、人間の身体感覚を超えすぎた巨大企業に対抗する、そんな存在になりたかった。

なので。とくし丸の契約は「テイガク制」にしている。これは「定額制」であり、また「低額制」でもある。提携先のスーパーからは、1台につき毎月3万円の定額をロイヤリティとしていただく。そうすることによって、各地域で売り上げが上がれば上がるほど、その地域のスーパーと販売パートナーに利益が還元される仕組みとなる。

地方創生だ、地方の時代だと言われながら、ＦＣ（フランチャイズ）ビジネスは、本部が常に利益を吸い上げるだけ吸い上げるという仕組みに見えてならない。結果、いつも東京は潤《うるお》い、地方は疲弊《ひへい》するばかりだ。できることなら、頑張った人が頑張った分だけ「ムクワレル」世の中になれば、どれだけステキだろう。だから、とくし丸はＦＣではない、と僕は思っている。根本の考え方が、決定的に違うから。


今回、水口さんのブログが、たまたまこのような1冊の本になったけれど、実は、ここに書かれているようなお話は、全国の販売パートナーさんたちが、日々ゲンバで体験していることでもある。とくし丸が走る全国の至る所で、毎日のようにプチカンドーと「ありがとう」の言葉が繰り広げられているのだ。

今はまだ全国で２００台ほどの規模ではあるけれど、志を同じくする販売パートナーさんが今後もどんどん現れて、さらに強固な「スイミー」になってくれることだろう。そして、その人たちを僕たちとくし丸本部は、しっかりサポートしていこうと思う。

普通なら「はじめに」に対して、「おわりに」なのだろうけど、この本には似合わない。そう思って「つづきに」とさせてもらった。水口美穂さんの、そして全国で活躍するとくし丸販売パートナーさんのお仕事は、今現在も進行中であり、これから先だってずっと現在進行形なのだから。

最後に、忙しい中、何とか1冊書き上げた水口美穂さん、創業からとくし丸のデザインを一手に引き受けてくれて、今回も装丁を担当してくれた如月舎《きさらぎしゃ》の藤本孝明さん、編集とイラストを担当していただいた浦谷さおりさん、出版を決めてくれた西日本出版社の内山正之さんに心から感謝します。さらに、全国の販売パートナーさんと、彼らを支えてくれているスーパーのスタッフや関係者の皆さん、そして何より、とくし丸を利用いただいている全国の愛すべきおばあちゃんたちをはじめとする全てのお客さんに、大きな声で「ありがとうございます!」と伝えたい。

2017年3月

関連書籍

あわわのあはは
徳島タウン誌風雲録

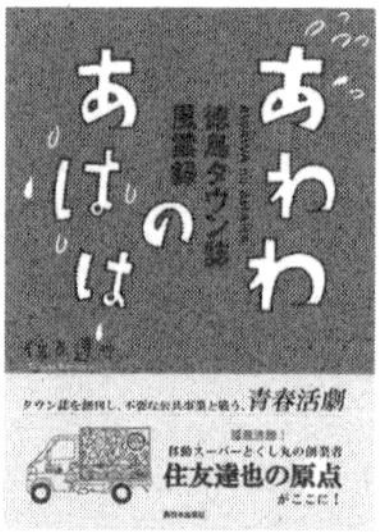

著者/住友達也

定価 1,500円(税抜)

B6判並製 307ページ

とくし丸の創業者住友達也の原点。

人生何があるかわからない。だからこそ、面白い。1981年3月25日、四国・徳島の町に、10~20代読者をターゲットにしたタウン誌「あわわ」が誕生した。本文たったの24ページ、全モノクロ。定価120円でスタートしたこのタウン誌を住友はその後23年間作り続けることになる。創刊時のドタバタ劇、株式会社にしてからの急成長、そして吉野川第十堰の可動堰化問題をキッカケに巻き込まれた住民投票と、3度にわたる徳島県知事選挙。ただ「タウン誌を作りたい!」としか考えてなかった23歳のワカゾーが、会社を離れるまでの23年間に経験してきた記録。

西日本出版社の本

能の本

文/村上ナッツ　マンガ/つだゆみ

監修・コラム/辰巳満次郎(シテ方宝生流能楽師)

定価 1,500円(税抜) 四六判並製 320ページ

代表的な能の物語をじっくり、1曲20ページほどかけて書き起こした稀有な本。あらすじでなく、物語を書いているので、短編小説のように読むことができます。監修にシテ方宝生流能楽師の辰巳満次郎さんが入り、演者視点でのおもしろいポイントや通になれる能楽エッセイも掲載。これを読んで能を観に行けば、より一層楽しめます!

西日本出版社の本

写真集 美しい刑務所
明治の名煉瓦建築 奈良少年刑務所

企画・文／寮美千子　写真／上條道夫

定価 1,800円（税抜） B5判並製 128ページ

明治時代に建てられた「明治の五大監獄」。その中で原形のまま残り、2017年春まで、108年間現役で使われていたのが奈良少年刑務所。重厚な煉瓦造りの建物は、ひたすらに美しく、国家が威信をかけて造り上げた誇りが、表現されています。25人の人たちに、教育、地域との連携、保存運動、受刑者として体験したこと、建築と、多様な視点から寄稿いただきました。

よみたい万葉集ポケット
万葉写真帖

監修／村田右富実　写真／牧野貞之

定価 1,200円（税抜） 文庫判上製 96ページ

万葉の歌をいつも持ち歩く事のできる、文庫サイズの写真帖。余分な情報を一切省いた歌と写真のシンプルな構成だからこそ、歌の素直な部分をそのまま受け取る事ができます。いつもバッグに忍ばせて、こころが万葉集に向いたとき、ページを開いて歌と写真とが放つ心のざわめきを感じて欲しい、そんな思いを込めてつくりました。

くじらとくっかるの島めぐり
あまみの甘み あまみの香り

奄美大島・喜界島・徳之島・沖永良部島・与論島と黒糖焼酎をつくる全25蔵の話

著者／鯨本あつこ、石原みどり

定価 1,400円（税抜） 四六判並製 296ページ

黒糖焼酎は、実は奄美群島でしか製造が認められていないお酒なのです。奄美群島5島にある全25蔵を、離島経済新聞社の名物編集長と島酒担当記者が訪ね、蔵の人たちと飲み、はなし、島の飲みどころ、島の魅力も合わせて紹介しています。九州とは違い、沖縄とも違う奄美群島の魅力満載、島好き・酒好きの方必読の、ほろ酔い旅エッセイです。

〈著者プロフィール〉

水口美穂（みずぐち・みほ）

とくし丸販売パートナー。１９７０年、京都府宮津市生まれ。保育士・ベビーシッター・リゾートマンションフロント・コンビニ店員・介護職・福祉用具レンタル店員・工務店事務など、様々な職を経たのち、運命的にとくし丸と出会う。日記のように綴っていた「とくし丸５ｇｏ！」というブログが、あれよあれよという間に書籍化。夢のような現実に本人がいちばん驚いている。夫と一男一女の４人家族。趣味は料理と鼻歌。

ねてもさめても　とくし丸
移動スーパーここにあり

２０１７年４月27日　初版　第１刷発行

著者　水口美穂

発行者　内山正之

発行　株式会社西日本出版社
http://www.jimotonohon.com/
〒５６４－００４４　大阪府吹田市南金田１－８－25－４０２
［営業・受注センター］
〒５６４－００４４　大阪府吹田市南金田１－11－11－２０２
ＴＥＬ：06－６３３８－３０７８　ＦＡＸ：06－６３１０－７０５７
郵便振替口座番号　００９８０－４－１８１１２１

イラスト・編集　浦谷さおり（金木犀舎）
デザイン　藤本孝明（如月舎）
印刷・製本　株式会社シナノパブリッシングプレス

ISBN 978-4-908443-15-2 C0095